EDUCAÇÃO INFANTIL:

SABERES E FAZERES DA FORMAÇÃO DE PROFESSORES

APRESENTAÇÃO DA COLEÇÃO

Ágere, termo latino, é fonte primeira de duas palavras de uso corrente em português: agir (que chegou a nós do francês, *agir*) e arte (de *ars*, *artis*).

Assim, escolhemos *Ágere* para denominar uma coleção que busca instigar o debate e desenvolver a crítica tanto no agir educacional, no sentido amplo, relacionado às várias disciplinas que integram o currículo (campo do universo objetivo), quanto no campo da arte, via de expressão privilegiada do universo subjetivo e espelho das culturas e de seu tempo.

LUCIANA ESMERALDA OSTETTO (ORG.)

EDUCAÇÃO INFANTIL:

SABERES E FAZERES DA FORMAÇÃO DE PROFESSORES

PAPIRUS EDITORA

Capa	Vande Gomide
Foto de capa	Rennato Testa
Coordenação	Ana Carolina Freitas
Copidesque	Lúcia Helena Lahoz Morelli
Diagramação	DPG Editora
Revisão	Ademar Lopes Junior, Anna Carolina Garcia de Souza e Juliana Palermo

Dados Internacionais de Catalogação na Publicação (CIP)
(Câmara Brasileira do Livro, SP, Brasil)

Educação infantil: Saberes e fazeres da formação de professores/ Luciana Esmeralda Ostetto (org.). – 5ª ed. – Campinas, SP: Papirus, 2012. – (Coleção Ágere)

Vários autores.
Bibliografia.
ISBN 978-85-308-0876-1

1. Educação infantil 2. Ensino 3. Pedagogia 4. Professores – Formação I. Ostetto, Luciana Esmeralda. II. Série.

12-03164 CDD-372.21

Índice para catálogo sistemático:

1. Educação infantil 372.21

5ª Edição – 2012
14ª Reimpressão – 2025
Tiragem: 150 exs.

Exceto no caso de citações, a grafia deste livro está atualizada segundo o Acordo Ortográfico da Língua Portuguesa adotado no Brasil a partir de 2009.

R. Barata Ribeiro, 79, sala 316 – CEP 13023-0 – Vila Itapura
Fone: (19) 3790-1300 – Campinas – São Paulo – Brasil
E-mail: editora@papirus.com.br – www.papirus.com.br

SUMÁRIO

APRESENTAÇÃO

Como professora formando professores para a educação infantil, tenho buscado aproximar o universo acadêmico dos espaços educativos constituídos em creches e pré-escolas, para além de estudos e caminhos teóricos, tentando romper com a perspectiva de apenas dissertar sobre esses contextos. Há tempos meu desejo cruza os limites da universidade e, atravessando seus portais, me conduz para o território que se estende pelos interiores dos portões das instituições de educação infantil, procurando ouvir e ver a diversidade presente nas práticas de educação das crianças. Convidando e ao mesmo tempo abrindo-nos ao diálogo é que podemos tecer conversas sobre a multiplicidade de fazeres e saberes que emergem do dia a dia da creche e fundamentam as relações entre crianças, adultos e conhecimento. Mais que "falar sobre", "estar com" aqueles que cotidianamente fazem a educação infantil acontecer, essa aproximação é sobremaneira conquistada com as práticas de estágio supervisionado, quando as alunas estagiárias vão ao encontro de tempos e espaços múltiplos na educação infantil, percorrendo um universo de possibilidades para a sua formação.

Das práticas formativas, construídas no encontro com a rede pública de educação, muito pode ser contado, dando visibilidade a caminhos percorridos, como também alimentando e provocando caminhos a percorrer. Eis, pois, outra busca anunciada: reafirmar saberes e fazeres de educadoras em formação que, no encontro com a creche, falam de si, das propostas de trabalho com diferentes grupos etários, do processo de fazer-se professora, no diálogo com profissionais, crianças, famílias, ambientes.

Estou convencida da importância de criar/garantir canais de socialização das práticas vivenciadas nos processos formativos do educador da educação infantil. Dessa forma, este livro chega com a proposição de afirmar a autoria de educadoras que contam a experiência, refletindo, avaliando, criticando, tecendo comentários e análises no acontecer da relação com as crianças, no cotidiano de uma creche pública municipal.

Além de terem sido produzidos no contexto específico de estágio, realizado numa mesma instituição, uma característica que identifica os artigos aqui reunidos é a prática do registro diário como fonte de documentação e possibilidade de reflexão sobre o cotidiano, as crianças, o fazer educativo. Nessa direção, abrindo a coletânea, o artigo "Observação, registro, documentação: Nomear e significar as experiências" discute exatamente essa prática singular e primordial para o educador e o processo pedagógico. A proposta de registrar a experiência vivida, descrevendo e analisando a complexa trama do cotidiano educativo, tem sido apontada e assumida como essencial para a qualificação da prática pedagógica. O registro diário, compreendido como espaço privilegiado da reflexão do professor, converte-se em atitude vital, na medida em que lhe dá apoio e lhe oferece base para seguir sua jornada junto com as crianças. Nesses termos, é verdadeiramente um instrumento do trabalho do professor, articulando-se ao planejamento e à avaliação. Registrar é deixar marcas, tecer memória, fazer história. É também a possibilidade de compartilhar descobertas, práticas e reflexões com outros educadores.

Na sequência, contamos com quatro artigos que têm como lócus de ação e análise a Creche Nossa Senhora Aparecida, localizada no bairro Pantanal, em Florianópolis (SC). Seguindo a proposta de estágio que temos encaminhado no curso de Pedagogia da Universidade Federal de Santa Catarina, a experiência que deu origem aos artigos foi desenvolvida por meio da elaboração de um projeto coletivo de estágio que, por sua vez, foi construído com base na observação do cotidiano educativo e na discussão do observado com os profissionais da creche.

O projeto de estágio "Viajando por territórios desconhecidos: Criando e recriando possibilidades na creche" orientou a atuação do grupo de estagiárias, contemplando a ação educativa com crianças de diferentes idades. Organizadas em duplas, as estagiárias puderam aprofundar as relações e construir histórias com grupos específicos, desde os pequenininhos, de oito meses a dois anos, até as turmas dos maiores, de três a cinco anos. O projeto coletivo era o norte ou, como foi chamado, o plano de bordo da viagem, que se desdobrava e ganhava diferentes contornos no dia a dia. Conforme o grupo de crianças, por meio da observação e do registro constante de seus movimentos, desejos, expressões e indicações, roteiros possíveis (os projetos de trabalho) eram construídos. Dessa forma, as terras desbravadas foram diversas e múltiplas.

Os artigos que as estagiárias apresentam aqui resultam da síntese do relatório final de estágio, no qual reuniram os dados da experiência, sistematizando a reflexão em torno de temas que mais se evidenciaram ao longo do percurso.

"Aprendendo a ser professora de bebês" fala das dúvidas, das aflições, dos medos e dos desafios enfrentados pelas estagiárias que assumiram o trabalho com as crianças bem pequenininhas. Certamente muitos educadores poderão se reconhecer na pergunta fundante da experiência, formulada no início do estágio: "O que fazer com crianças que não falam, não escrevem e nem mesmo conseguem segurar direito um lápis, um pincel?". Para caminhar com os bebês, é necessário ter disposição para aprender suas linguagens, que se revelam além da fala ou da possibilidade de desenhar e riscar. O "dizer" dos bebês é marcado nos gestos, nos balbucios, nos sorrisos, nos choros e nas palmas, bastando apenas a disposição para vê-los e ouvi-los.

Reafirmando a importância de contemplar um trabalho sustentado na experimentação, na pesquisa e na vivência com diferentes materiais, as autoras do artigo "Aventuras de viver, conviver e aprender com as crianças" provocam o leitor a refletir sobre diversas questões que rondam a prática pedagógica na educação infantil, entre as quais: a criança faz arte? Para a criança, a arte interessa como processo: vivido, sentido, experimentado. Dessa forma, é essencial que o professor construa caminhos que valorizem o processo, e não os resultados. Uma possibilidade indicada é o trabalho em pequenos grupos, o qual permite o olhar atento para as crianças e seus movimentos de interação e troca com outras crianças e com o ambiente próximo.

No artigo "Sobre afetividade e construção de vínculos na educação infantil", as autoras discutem os processos de formação de grupo, relatando as dificuldades e os desafios que permearam as relações com as crianças, constituídas no encontro de diferenças, que se pretendia acolhedor. Qual o papel do professor? Como construir relações pautadas na afetividade, que alimentem encontros intensos, inteiros, com sabor e alegria? Busca e mistério é o que respondem as estagiárias: seguir as trilhas do desconhecido causa ansiedade, mas oferece surpresas compensadoras, quando há entrega e disposição para ver e ouvir as crianças. Mais uma vez o olhar. Uma vez mais a necessidade de acolher e viver as polaridades que nos constituem. Nem só alegrias, nem só tristezas, nem só conquistas, nem só dificuldades. Na roda que propõem como símbolo do fazer educativo, tudo se integra e gira. É preciso construir um pensar e um fazer circulares, dizem, indicando o desafio.

Quando observamos os movimentos e os jeitos de ser criança, no cotidiano educativo, ampliando o ângulo de visão, podemos encontrar brincadeiras, construções, interações, múltiplas linguagens. Podemos também identificar perguntas, hipóteses e experimentações que fazem sobre o mundo ao redor. O artigo "A linguagem escrita na educação infantil" foi elaborado com base na observação do interesse das crianças pelo "mundo das letras". Aparentemente, nisso não haveria nenhuma novidade. Mas a questão é que o interesse identificado causou espanto nas estagiárias. Seria possível e pertinente trabalhar com a linguagem escrita no espaço da educação infantil? As autoras confessam que haviam estudado as múltiplas linguagens, mas que não haviam pensado na possibilidade de contemplar a linguagem escrita. Ao escreverem sobre essa experiência, recolocam em cena velhas questões que são oportunamente revisitadas: a escrita é uma linguagem que está no mundo, é da cultura, não é só da escola; portanto, como recusar às crianças a possibilidade de conhecer esse objeto cultural?

Nas trilhas do registro, a experiência do estágio é também narrada "do outro lado": a voz e a visão da creche, sua análise, sua opinião, sua crítica sobre os estágios são marcadas no artigo "Quando a creche e a universidade se encontram: Histórias de estágio", no qual a supervisora da creche conta um pouco do processo que tem sido construído, ao longo dos anos, no encontro com a universidade. As vozes que ecoam no texto assinalam, e de certo modo provam, o que pode acontecer quando a universidade se encontra com a creche e divide com ela a responsabilidade pela formação dos novos educadores; quando legitima e qualifica o espaço da creche, seus profissionais, como coparticipantes do projeto de formação. Dessa forma, mais que tudo, caminha estreitando os laços de relações construídas no respeito e na disposição de aprendizagem mútua.

Fechando esse ciclo de histórias, o artigo "O estágio curricular no processo de *tornar-se professor*" chama a atenção para as várias dimensões dos processos formativos. Para além do saber e do saber-fazer: "saber-se". Afirma-se, pois, o estágio como espaço privilegiado de autoconhecimento. Para tanto, indica-se a prática do registro como um caminho profícuo para o professor-estagiário marcar a experiência, deixar rastros e construir possibilidades de rever-se, de revelar-se. A inteireza de ser educador: nem só delícias, nem só acertos, nem só tristezas, nem só erros, mas isso e aquilo, num processo que fala de ser pessoa, de tomar sua história na mão para poder seguir vivendo e contando histórias com meninos e meninas que, incansavelmente, trilham caminhos de fazer-se criança, conquistando infância.

Ao pretender dar visibilidade aos processos de pensar e fazer educação infantil, no contexto do estágio curricular do curso de Pedagogia, os temas aqui reunidos evidenciam, em seu conjunto, a essencialidade das relações construídas entre creche e universidade, que podem resultar em maior qualidade na formação de professores. Também reafirmam a importância do diálogo e da disposição para ver e ouvir o que "se passa", o que "nos passa" no cotidiano educativo. No caso específico das experiências vividas e analisadas neste livro, é preciso destacar que o diálogo só pode acontecer porque a creche aceitou o convite formulado. Por isso, ao finalizar esta apresentação, externamos nossa profunda gratidão aos profissionais, às crianças e às famílias da "Creche Pantanal".

Luciana Esmeralda Ostetto

1

OBSERVAÇÃO, REGISTRO, DOCUMENTAÇÃO: NOMEAR E SIGNIFICAR AS EXPERIÊNCIAS

Luciana Esmeralda Ostetto

Algumas referências e sentidos

A proposta de registrar a experiência vivida, descrevendo e analisando a complexa trama do cotidiano educativo, com seus fios, laços e nós, tem sido apontada e assumida como essencial para a qualificação da prática pedagógica. Para além de uma tarefa a ser executada ou técnica a ser aplicada, o registro diário, compreendido como espaço privilegiado da reflexão do professor, converte-se em atitude vital. Quando vivenciado no seu sentido profundo, com significado, dá apoio e oferece base para o professor seguir sua jornada educativa junto com as crianças. Nesses termos, é verdadeiramente um instrumento do seu trabalho, articulando-se ao planejamento e à avaliação.

Ao escrevermos nossa experiência, nosso fazer ganha visibilidade, torna-se documento ao qual podemos retornar para rever o vivido, atribuindo-lhe outros significados e projetando outros fazeres desejados ou necessários. Por meio do registro, travamos um diálogo com nossa prática, entremeando perguntas, percebendo idas e vindas, buscando respostas que vão sendo elaboradas no encadeamento da escrita, na medida em que o vivido vai se tornando explícito, traduzido e, portanto, passível de reflexão.

Localizo, nos anos 1980, minhas primeiras referências ao registro como documentação e reflexão do professor. Então aluna do curso de Pedagogia, soube da existência da Escola da Vila, em São Paulo, que desenvolvia um trabalho no qual a língua escrita era mais um dos objetos a serem descobertos pelas crianças. Por parte dos professores, também havia o cultivo de sua escrita: por meio dos diários. Madalena Freire foi professora nessa escola, e um tanto do seu trabalho lá desenvolvido veio a público com o livro *A paixão de conhecer o mundo* (Freire 1983), no qual a autora socializa histórias vividas e conhecimentos partilhados com as crianças. Nele aparecem seus registros e com estes podemos acompanhar o processo de constituição do grupo, sua dinâmica, sua identidade e o trabalho pedagógico que lhe dá sustentação. Por meio dos registros e de todo o material reunido no livro, vemos o retrato de um cotidiano educativo vivo.

Há uma passagem do referido livro que particularmente revela a íntima relação entre o planejar e o registrar, entre a ação da professora e as ações das crianças, configuradas em ricas interações e intensa participação. A turma havia pesquisado a respeito de satélites; na continuidade do processo, ao longo de vários dias de estudo, experimentação e produção, diz a narradora, surgiu "um problema: tínhamos 20 satélites, quantos satélites existem ao todo? Quantos faltam? – *Espera que eu vou buscar seu diário* (pois sabem que tudo que estudamos está lá)!" (Freire 1983, p. 77). Complementando a cena descrita, na qual podemos perceber a significação da criança para aquele objeto cotidiano, que marcava as descobertas e os saberes compartilhados, a professora-autora aponta a importância do registro diário:

> Creio que seria oportuno salientar a importância do diário, como instrumento de reflexão constante da prática do professor. Através dessa reflexão diária ele avalia e planeja sua prática. Ele é também um importante "documento", onde o vivido é registrado, juntamente com as crianças. Nesse sentido, educador e educando, juntos, repensam sua prática. (*Ibidem*)

É importante destacar: só porque registrou cotidianamente a prática experimentada, a professora Madalena pôde, depois, refletir sobre ela, socializá-la e fazer teoria.

Escrever suas experiências e refletir sobre as propostas desenvolvidas com as crianças é uma marca que identificamos no trabalho dos professores da Escola da Vila. Há uma publicação do Centro de Estudos da Escola da Vila, datada de 1986, com o título *Dos primeiros passos às primeiras letras*, que reúne os relatórios dos educadores de diferentes faixas etárias. Frutos da reflexão sobre o cotidiano, sustentada nos seus registros diários, os relatórios organizados e publicados buscavam, tal como podemos ler na apresentação da referida publicação, responder à necessidade de discutir, com outros educadores, o trabalho desenvolvido, assim como contribuir como subsídio à reflexão pedagógica.

Ancorada no Centro de Estudos que mantinha, destinado à formação de educadores, por meio de grupos de reflexão, seminários, cursos, encontros e publicações, a Escola da Vila objetivou "a prática de pensar a própria prática" (Centro de Estudos da Escola da Vila 1986, p. 5). Desde então, fez uma série de publicações que contribuíram para a formação em novas bases do professor, apontando a essencialidade de sua autoria, de sua autonomia, de sua reflexão, num processo de formação continuada – autoconhecimento. Na publicação *A história de uma classe* (Cavalcanti 1995) são apresentados alguns projetos desenvolvidos por uma turma de cinco a seis anos. A base dos artigos desse livro também está nos relatos de professores. Inclusive há, na referida obra, um capítulo que trata especificamente da importância do registro para a prática do professor: "Instrumento de registro da reflexão do professor". Nele podemos ler:

> O diário e o relatório de atividades são instrumentos que auxiliam, organizam e orientam a ação do professor. São espaços de sistematização da ação pedagógica onde o professor organiza seu trabalho através de registros escritos, a partir das reflexões que tece diante das inquietações presentes no seu cotidiano, das perguntas que se faz, das respostas que busca, das hipóteses que estabelece e de suas dúvidas. (Magalhães e Marincek 1995, p. 4)

O registro diário é apontado como um documento reflexivo do professor, espaço no qual pode marcar suas incertezas, assim como suas conquistas e descobertas. Dessa forma o educador vai tomando o seu fazer nas mãos, responsabilizando-se pela sua própria formação.

Também é dos anos 1990 a série de publicações do Espaço Pedagógico (São Paulo), que trata do fazer educativo. Com a coordenação de Madalena Freire – agora num trabalho de formação de professores e não mais como professora de crianças, como nos anos 1980 –, temos a publicação *Observação, registro, reflexão: Instrumentos metodológicos I*, na qual podemos ler e apreender um sentido do registro do professor:

> Mediados pelo registro deixamos nossa marca no mundo. (...). A escrita materializa, dá concretude ao pensamento, dando condições assim de voltar ao passado, enquanto se está construindo a marca do presente. É neste sentido que o registro escrito amplia a memória e historifica o processo, em seus momentos e movimentos, na conquista do produto de um grupo. (1996, p. 41)

Na mesma direção segue o livro de Cecília Warschauer, *A roda e o registro: Uma parceria entre professor, alunos e conhecimento*, no qual a autora retrata sua experiência com esses dois "rituais" no ensino fundamental. Como o subtítulo do livro deixa ver, ao propor a roda e o registro como dinâmicas do fazer educativo, a autora afirma que o processo de reflexão envolve a todos. Dessa forma, indica caminhos que aproximem teoria e prática pedagógica: "Registrar a própria prática pode ser um rico instrumento de trabalho para o professor que busca reconstruir os conhecimentos junto com os alunos, porque o retrato do vivido proporciona condições especiais para o *ato de refletir*" (1993, p. 61).

Seja descrevendo fatos, atividades e comportamentos do professor e dos alunos, seja analisando o vivido, pensando e refletindo sobre o acontecido, o registro diário, tal como nos apresenta a autora, conta histórias: "Registrar é deixar marcas. Marcas que retratam uma história vivida" (*ibidem*).

Escrever o vivido: Marcas, rastros, memória e criação

Volto ao passado. De lá trago memórias e traço uma história de minha aproximação à prática do registro, muito influenciada por algumas dessas publicações referidas anteriormente.

Depois que me formei em Pedagogia, trabalhei como professora de uma turma de crianças entre três e quatro anos, na escola Sarapiquá, mantida pela Associação Cultural Sol Nascente, uma cooperativa de pais e professores, em Florianópolis. Entre as práticas diferenciadas dessa escola, estava a assembleia de pais e professores – nas quais diversos temas eram discutidos e estudados –, palco de decisões importantes, alimentadas pelo debate aberto. Aprendi muito com essa comunidade escolar. Foi também na Sarapiquá que comecei a registrar. Estávamos em 1985.

Eu tinha um caderno desses grandes, em que escrevia o meu planejamento diário e, ao final do dia, registrava os acontecimentos vivenciados, minhas dúvidas, minhas falhas e as dificuldades sentidas/percebidas – às vezes contando sobre uma criança em particular, outras falando das atividades. Ali eu também avaliava meu trabalho e encaminhava os próximos passos do planejamento.

Do meu caderno de registro eu retirava questões para discutir com a coordenadora pedagógica que, assim, me ajudava a prosseguir e enriquecer o trabalho com as crianças. Quantas vezes cheguei para a orientação só com as tristezas, apontando o que não havia dado certo, completamente perdida e insegura sobre algum aspecto do trabalho... Nesses momentos, a palavra marcada no caderno me ajudava muito, pois revelava um olhar sobre minha prática; ao descrevê-la, na seleção de pontos que recolhia na escrita, eu materializava a possibilidade de pensar sobre ela. Mais que tudo, o registro possibilitava ampliar meu olhar, tantas vezes encerrado em questões secundárias, ou extremamente crítico sobre o meu fazer. Ao compartilhar *meu-olhar-por-escrito* com a coordenadora, retomava a dimensão humana do fazer: nem só acerto, nem só erro, mas um processo comprometido, marcado pela busca da significação do trabalho com as crianças e com o movimento de uma prática pedagógica de qualidade.

Naquela época, o registro era apenas discutido como uma possibilidade. No próprio curso de Pedagogia no qual me formei, ele era apresentado como uma sugestão para os professores, reportando-se às marcas de um trabalho diferenciado que começava a ser realizado por algumas escolas, particularmente pela Escola da Vila. Na escola em que trabalhei, não era o conjunto de professores que registrava, que tinha seu caderno de anotações. Eu comecei a registrar porque sentia necessidade e porque isso verdadeiramente me ajudava a organizar o trabalho, a clarear ideias, a sistematizar encaminhamentos. Ao reler o escrito do dia, eu estabelecia um fio, ou podia perceber claramente um fio condutor do trabalho: tudo se interligava. A fragmentação diária ganhava corpo e se transformava num todo coerente e integrado. Além disso, e principalmente, tinha minhas dúvidas, queixas e "perdições". Escrever a dúvida e a falta me ajudava a compreender meus limites e me organizar para superá-los. Com as palavras gravadas no caderno, eu tinha mais elementos para conversar com a coordenadora que, dessa forma, podia me ajudar efetivamente, com mais sentido: ela me orientava e sugeria na medida dos meus pedidos, das minhas necessidades e das dificuldades expostas por mim.

Depois, ao assumir o papel de coordenadora pedagógica de creche, eu sugeria aos educadores que escrevessem suas experiências. Vejam bem: *sugeria*. Nesse tempo, o registro ainda não era celebrado, assumido, como instrumento (essencial) do trabalho do professor, permanecendo como indicação. Havia a proposta, mas escrevia quem assim o desejasse, quem dispunha de tempo, quem tinha "facilidade" para escrever, ou quem gostava de contar histórias. Era uma escolha pessoal.

A experiência com o registro, no trabalho com as crianças, seja em sala de aula ou na coordenação pedagógica, eu levei para a universidade, agora como professora formando professores. Aos poucos, o registro, compreendido como instrumento do trabalho pedagógico do professor, era reconhecido, pela área de educação infantil, como fundamental, devendo, portanto, ser contemplado como conteúdo de estudo nos cursos de formação. A história ganhava maior alcance: já não se tratava de "quem quiser registre", mas de "todos devem registrar". O registro do cotidiano passou a figurar, juntamente com o planejamento e a avaliação, como prática diferencial para um trabalho qualitativo; assumido como instrumento metodológico, ele passou a fazer parte do conteúdo programático da formação de professores, pelo menos da educação infantil, assim como o planejamento e a avaliação já o faziam.

À medida que iam sendo superadas certas perspectivas de planejamento, principalmente aquela concepção tecnicista segundo a qual "alguém planeja para o professor executar", e que o caráter educativo de creches e pré-escolas ia se acentuando cada vez mais, também o papel do profissional mudava, expandia-se. Diante desse papel renovado, estava posta a questão da autoformação, ou formação permanente do professor. Dessa forma, o registro aparece como um instrumento que pode oferecer um caminho possível dessa autoformação, processo autoral.

Com essa compreensão, articulando estudos e encaminhamentos no curso de Pedagogia, o tema registro emergiu para mim como foco de pesquisa, inicialmente como um projeto de estágio, que recebeu o instigante título "Três cabeças que não se entendem passam fome de tanto pensar... Reflexões sobre planejamento, registro e avaliação" (Souto-Maior *et al.* 1997). Esse projeto, elaborado por uma turma de estagiárias do curso de Pedagogia, sob minha supervisão, focou justamente a importância e a necessária articulação desses três elementos, já então assumidos como instrumentos da prática pedagógica na educação infantil: planejamento, registro e avaliação. Na mesma época, aprofundando as questões levantadas no estágio e articulando-as com as necessidades indicadas pela prática das educadoras em formação, realizamos a pesquisa "Deixando marcas de nossa história enquanto profissionais da educação infantil".[1] Desenvolvida em conjunto com educadoras do Núcleo de Desenvolvimento Infantil (NDI), instituição de educação infantil ligada ao Centro de Ciências da Educação da Universidade Federal de Santa Catarina, a pesquisa colocou-se em curso como um convite à aventura do resgate e da apropriação da experiência-palavra dos educadores. Apostava na possibilidade do resgate de histórias, afirmando a necessidade de o educador ver-se como "autor e narrador, comunicando seu fazer educativo através da palavra escrita, de um texto vivo, real, pois a palavra escrita, como texto, é tradução de uma experiência e, como expressão do vivido, é comunicação e troca" (Ostetto; Oliveira e Messina 2001, p. 13). Com a pesquisa e com o trabalho entre os educadores daquela

1. Cf. a publicação em livro: Ostetto; Oliveira e Messina 2001.

instituição, pudemos construir diálogos, ampliando a significação do registro para a prática pedagógica.

Pois bem. Com base nas histórias narradas, vamos chegar mais perto das questões anunciadas desde o início deste texto: o que é registrar? Por que registrar? O que registrar?

Na medida em que qualificamos todos os fatos do cotidiano educativo como histórias vividas, tudo será digno de nota. A característica principal do registro, como instrumento de trabalho pedagógico, é constituir-se num espaço pessoal do educador. É um espaço

> (...) de sistematização da ação pedagógica onde o professor organiza seu trabalho através de registros escritos, a partir das reflexões que tece diante das inquietações presentes no seu cotidiano, das perguntas que se faz, das respostas que busca, das hipóteses que estabelece e de suas dúvidas. (Magalhães e Marincek 1995, p. 4)

Nesse sentido, podemos afirmar que o registro do educador contempla o vivido diariamente, apresentado na escrita de forma descritiva e também analítica. Não se trata apenas de contar o que aconteceu e se passou naquele determinado dia, dia a dia (embora isso já seja um ótimo começo!), mas de tentar compreender o passado, estabelecendo relações com a continuidade do trabalho, o que veio antes, o que virá depois; ensaiar análises sobre o vivido para, assim, aprender com a experiência. Trata-se de fazer e trazer para a consciência a "coisa feita". A escrita traz/faz revelações e amplia a consciência do educador.

> O registro ajuda a guardar na memória fatos, acontecimentos ou reflexões, mas também possibilita a consulta quando nos esquecemos. Este "ter presente" o já acontecido é de especial importância na transformação do agir, pois oferece o conhecimento de situações arquivadas na memória, capacitando o sujeito a uma resposta mais profunda, mais integradora e mais amadurecida, porque menos ingênua e mais experiente, de quem já aprendeu com a experiência. (Warschauer 1993, p. 62)

A prática do registro é importante porque nos permite construir a *memória compreensiva* (Warschauer 1993), que não é simples recordação do que aconteceu, lembranças vãs, mas é base para refletir sobre o passado, para avaliar as ações do educador, para rever o cotidiano educativo e o trabalho desenvolvido com o grupo de crianças; também para reafirmar o presente e projetar o futuro. Na escrita vamos ampliando a compreensão de nossa prática. Ao colocar no papel a experiência (hoje, aliás, pode ser colocada na tela do computador...), tomamos distância e, por isso, podemos nos aproximar ainda mais dela. A palavra escrita nos permite ir além da palavra, revelando pontos insuspeitados, ideias e entendimentos apenas delineados, que apontam para outras direções. Com ela podemos alargar a dimensão do detalhe: o que era mínimo se agiganta e o retrato de nossa prática ganha visibilidade.

Registrar tem a ver com criação. Criação de histórias, de enredos, de práticas. Criação/recriação de si mesmo. Reinvenção do cotidiano. Como nos diz Maria Isabel Leite (2004, p. 26), no ato de registrar trata-se "de deixar rastros. Reconhecer-se e expressar-se. Fazer-se presente, sujeito da memória e da história". Ao escrever e refletir sobre o escrito que, por sua vez, reflete a prática, o professor pode fazer teoria, tecer pensamento-vida. Escreve o que faz. Pensa o que faz. Compreende o que faz. Repensa o que faz. Redefine o que faz. Reafirma o que faz. Percebe limites e possibilidades de sua prática. Procura alternativas. O registro diário é, pois, um instrumento que articula e alimenta a ligação entre teoria e prática, entre as aprendizagens já realizadas e os novos conhecimentos (Warschauer 1993).

Observação e registro: Aprendizagens de desabituar o olhar

O exercício de registrar o cotidiano vivido com um grupo de crianças é uma aprendizagem e um grande desafio, principalmente porque o educador, para tanto, precisa necessariamente *observar* ações, reações, interações, proposições não só das crianças, mas suas também. Precisa ficar atento às dinâmicas do grupo, às implicações das relações pedagógicas, para ser "iluminado por elas", pois "(...) observar uma situação pedagógica não é vigiá-la, mas sim fazer vigília por ela, na cumplicidade da construção do projeto, na cumplicidade pedagógica" (Freire Weffort 1996, p. 14). Iluminação no sentido de uma atitude que não é aquela corriqueira de "eu já vi isso". Fazer vigília aponta para um movimento de estar disposto ao encontro, a receber o que virá. Olhar aberto, sensível, acolhedor.

Essencial perguntarmos: como olhamos? Procurando o novo ou voltando-nos exclusivamente para o já conhecido? Profunda ou superficialmente? Com um olhar que, ao se dirigir às crianças, busca apenas o que "deveriam fazer" (correspondendo a um modelo ideal, padrão), que facilmente localiza a falta? Que não percebe o que fazem e dizem as crianças nos seus gestos, quando choram ou riem? Sem nos darmos conta, é assim que inúmeras vezes olhamos para o cotidiano: através de um olhar paralisado, que se gastou, domesticado por uma prática rotineira, enraizada no hábito, que monotonamente se repete, repete, repete.

Uma rotina desse tipo está presa a *chronos*, o tempo linear, que corre submetido ao ritmo único do tique-taque, tique-taque; está comprometida com o controle e a contenção do movimento. O tempo cronometrado, por isso mesmo, é contrário ao pulsar da vida. Sem novidade, está habituado. De tanto ver as mesmas coisas, acabamos banalizando o olhar e, assim, "vemos-não vendo", como advertira Otto Lara Resende (1992): "O que nos cerca, o que nos é familiar, já não desperta curiosidade. O campo visual da nossa rotina é como um vazio. (...) o hábito suja os olhos e lhes baixa a voltagem".

O ato de registrar poderá ajudar no exercício de "desabituar-se". Escrevendo, poderemos limpar os olhos, clarear a visão, para melhor percebermos as crianças que estão no nosso grupo, assim como as relações que vamos construindo.

> Este espaço-tempo para a escrita da "leitura" do vivido auxilia a observação e a reflexão porque, a partir das vivências expostas no papel, é possível adquirir certa distância delas, necessária para o ato reflexivo. Vê-las "de fora" auxilia, por exemplo, na percepção

> do significado que está "por trás" de algumas brincadeiras ou falas dos alunos, porque ajuda a recolocá-las em contextos maiores, dificilmente percebidos no momento em que ocorreram na sala de aula. (Warschauer 1993, p. 62)

É com o registro dos fatos, dos atos, dos acontecimentos do dia a dia que aprendemos a ver o grupo em geral e cada criança em particular, compreendendo, assim, que lá estão meninos e meninas em busca de tempo para viverem a infância. A busca de um tempo nem sempre sincronizado ou harmonizado com o tempo do planejamento, do previsto pelo professor.

Quero assinalar aqui o vislumbre de outro tempo, que corre solto, com outra qualidade, que dá "tempo ao tempo", que se abre para o mistério. *Kairós*, tempo-vida, que anuncia o momento oportuno, singular. Um tempo fluido em que, no seu ritmo, acolhemos o desconhecido, a quebra, o não controlado. Nessa outra qualidade de tempo há maior possibilidade de abertura para a descoberta, para a experiência propriamente dita (Ostetto 2006b). Esse é o tempo das crianças, diferente para as diferentes crianças, que por isso se aventuram, são curiosas e facilmente se encantam com as mil coisas do mundo ao seu redor e de mundos imaginados. E, não raro, o professor chega marcado e marcando o tempo cronológico, que nega a poesia, a imaginação, roubando-lhes o momento do devaneio, da entrega. Impede o olhar sensível de quem procura ver além do aparente.

O pintor Henri Matisse (1973, p. 737) também nos fala que os hábitos adquiridos deformam nossa visão sobre a vida diária, nos impedem de ver e, no limite, de criar.

> Ver já é um ato criador e que exige certo esforço. Tudo o que vemos na vida cotidiana sofre, mais ou menos, a deformação engendrada pelos hábitos adquiridos e o fato é talvez mais sensível numa época como a nossa, onde cinema, publicidade, periódicos impõem diariamente um fluxo de imagens preconcebidas, que são um pouco, na ordem da visão, o que é o preconceito na ordem da inteligência. O esforço necessário para libertar-nos exige uma

espécie de coragem; (...) É um primeiro passo para a criação ver-se cada coisa em sua verdade.

Se as palavras do pintor nos chamam à consciência para a necessidade de reaprender a olhar, poderíamos afirmar também, com ele, que olhar para o cotidiano educativo e escrever o vivido implica igualmente esforço e coragem.

Esforço: porque exige disciplina, disposição para novas aprendizagens, desalojando certezas, convivendo com a dúvida e o movimento. Porque é processo, não ponto de chegada. Coragem: porque, ao refletirmos sobre o vivido, marcando na escrita a experiência, nosso campo de visão se alarga e conquistamos a possibilidade de enxergar além do nosso sucesso, de nossas alegrias e realizações certeiras. Ao registrar, com todas as letras, também poderemos ficar frente a frente com nossos limites, nossas falhas, nossas angústias, nosso não saber.

Na escrita da experiência, questões tais como "O que faço? Qual a justiça em meus atos? Que precauções devo tomar?" aparecem, evidenciando dilemas, conflitos de valores e a capacidade para nos interrogar, não agindo como se houvesse uma única solução que dê conta da verdade. (Warschauer 2001, p. 189)

Como espaço que pode dar visibilidade a nossos atos, revelando uma dimensão ética de nossa singularidade, recontar o vivido no registro "é construir alguma coisa de nós mesmos e de nossa escolha" (Cifali, *apud* Warschauer, *ibidem*). Organizando o pensamento, expandindo a memória sobre a prática, a escrita nos devolve a nós mesmos, para reconhecer gestos, palavras, sentimentos, relações, retrato e medida de nossos atos.

Seria simples escrever? Não. Por que será que, em regra, sentimos dificuldade para escrever e preferimos falar (ainda mais o professor, para quem a leitura e a escrita são ferramentas básicas)? Ao assinalarmos essa dificuldade, às vezes resistência, não há como deixar de questionar: fomos incentivados, nos caminhos da vida escolar, a exercitar a escrita própria, a tomar o espaço da escrita como lugar de autoria, de construção de significados, de exercício de pensamento? Poderia residir aí, nessa falta de incentivo e experiência, a dificuldade em escrever. Outra possível explicação está no fato de que escrever compromete mais do que simplesmente falar ou pensar. É Cecília Warschauer (1993, p. 64) quem nos ajuda a pensar, mais uma vez:

> Idéias faladas ou pensadas são fugazes. Já com a escrita é diferente. Podemos mudar de idéias mas as anteriores estão registradas. Talvez por isso encontremos dificuldades em escrever aquilo de que não temos certeza. Escrever o que "vem na cabeça" (e no coração) é "perigoso", pois não obedece, necessariamente, a uma ordem lógica ou linear, expondo contradições ou possíveis incoerências do autor, presentes em seu inconsciente. Isso o deixaria vulnerável a críticas, dentro de um contexto onde a valorização recai somente sobre o que é lógico e objetivo, primado do nosso pensamento cartesiano.

Tenho afirmado que o registro é espaço específico de cada educador, é pessoal, particular; seu caráter é individual, como os "diários de adolescente", pois é também uma espécie de "confissão", de "testemunho". Não pode ser concebido, nem utilizado, como forma de controle, de qualquer coordenador ou supervisor. A menos que o próprio educador deseje compartilhar.

> Registrar o cotidiano não é burocracia! Não é escrever para mostrar ou prestar contas a alguém. É, ao contrário (...) comprometer-se com a própria prática, comprometer-se com a coerência de uma prática que vai sendo refletida num processo de formação permanente. (Ostetto; Oliveira e Messina 2001, p. 24)

Registrar não é uma técnica: é vida! É cada qual se responsabilizar por seus desígnios, por seus projetos. É lançar-se para a frente. Ver-se e rever-se. É envolver-se com o resgate do seu processo criativo, que envolve, necessariamente, o resgate da sua palavra. Processo esse que, sabemos, nem sempre é prazeroso. Mas "o ato de criar é um estado de envolvimento onde a dor e o prazer estão juntos. No momento da criação os conflitos não estão ausentes. Criar é o ato de juntar, de conviver com os conflitos e expressá-los" (Albano Moreira 1984, p. 38).

Como fazer para registrar? Eis aqui mais uma característica do registro como criação: cada educador vai imprimir o seu "jeito" na sua escrita, vai experimentar e criar o seu "estilo". Não há regra para marcar o cotidiano, pois "escrever é imprimir o próprio pensamento, diferentemente da prática de reproduzir, copiar a palavra alheia, modalidade esta dominante na escola (...). [Na] narrativa da experiência docente, o professor enquanto pessoa, identidade única, mostra-se em seu texto" (Warschauer 2001, p. 187). O que inicialmente pode parecer meio árido e cansativo vai-se revelando saboroso quando o educador se reconhece na escrita que produz; quando é autêntico, quando está inteiro, mergulhado em sua prática e comprometido com a sua formação permanente. Para tanto, é essencial cultivar o prazer da escrita.

Quando ressalto que o registro é do professor, quero reforçar que essa escrita primeira, nascida do olhar e da observação do cotidiano, pertence a ele, não havendo, portanto, preocupação de sistematização imediata, como se fosse necessário formatar um texto, enquadrar os dados. Não. Como já indiquei, não há forma para escrever o vivido; no processo, cada educador poderá descobrir uma maneira pessoal e autoral de escrever. Todavia, isso não significa dizer que o conteúdo de sua reflexão ou mesmo os dados colhidos no seu cotidiano devam ficar guardados só para si. Sua história e a de seu grupo, marcadas diariamente, podem ser entrelaçadas às histórias de muitos outros, da escola, da instituição educativa.

Para socializar a experiência reunida em seus registros, entra em cena outro instrumento: *o relatório de atividades do grupo*. Esse sim tem a marca da história a ser compartilhada com outros, que não o próprio grupo de crianças e professor. Busca-se, no relatório, uma sistematização das experiências vividas num certo período, articulando a multiplicidade de atos e fatos que estiveram permeando o cotidiano, captados nos registros diários. É como que uma "edição" dos dados recolhidos para, então, olhar com outros olhos, suscitando outras reflexões, construindo análises mais aprofundadas e articuladas sobre o grupo, as crianças, o processo de conhecimento, a prática pedagógica.

> Documento reflexivo, o relatório diferencia-se do diário por configurar-se como uma reflexão mais distanciada do trabalho de sala de aula. Não se trata mais de refletir sobre "aquela" aula singular (a exemplo do diário), mas, sim, sobre o conjunto de ações que compõem as diversas situações de aprendizagem. Para elaborá-lo, o professor conta com as anotações do diário, que agora serão "lapidadas". (Magalhães e Marincek 1995, p. 10)

A prática refletida vai crescendo, ganhando espaço, projetando campos de interlocução, lançando-se para o coletivo. Porque houve inicialmente o registro diário, as anotações, nem sempre tranquilamente mas com certeza intencionalmente traçadas pelo professor, num segundo movimento, podem ser socializadas. O relatório pode servir de base para reunião de grupo de educadores, para estudo e avaliação da prática pedagógica em curso, para reunião de pais, para arquivo da instituição (Ostetto; Oliveira e Messina 2001). Assim compreendido, o relatório ganha a dimensão de documento, como história narrada, marcada; como tal, há sempre uma possibilidade de ser revisitado, base para avaliação contínua e fonte de consulta para elaboração de novos projetos.

Ao discutir as possibilidades formativas do registro, Cecília Warschauer (2001, p. 190), em sua pesquisa de doutorado, assinala outra importante aprendizagem que poderá ser construída com base nessa prática: a capacidade de partilhar, tão essencial para o trabalho coletivo que se pretende afirmar no cotidiano educativo:

> A escrita da experiência, quando é lida por outros, leva-nos a sair de nós mesmos para sermos capazes de partilhar pensamentos, provocando a passagem do implícito para o explícito. (...) Assim a escrita para o outro é, ao mesmo tempo, formadora da capacidade de partilhar. Inicia-se com uma implicação grande, construindo um afastamento. É um movimento formador porque distanciador: nosso olhar recebe um outro reflexo.

Entretanto, a mesma autora chama a atenção para a necessidade de cautela quanto à institucionalização de tal prática, haja vista que o controle está presente, inevitavelmente, como uma característica das instituições. Nesse sentido, não seria demais reafirmar o já pontuado anteriormente: o registro é do professor, que inicialmente escreve para si, para "dizer-se". A socialização, a partilha, é sem dúvida necessária e recomendável, mas é processo que se articula à conquista do trabalho coletivo, no qual as singularidades devem ser respeitadas à medida que evidenciadas. Ambientes livres de tensão, pautados na confiança mútua que se estabelece no contínuo trabalho do grupo, construindo identidade, certamente são ambientes propícios para o cultivo dessa prática. Desafios.

Do registro diário à documentação: Outros diálogos

Atualmente, a discussão acerca do valor e da importância do registro como documentação do professor e da instituição pode ser ampliada por meio do diálogo com as propostas educativas desenvolvidas no norte da Itália, que nos chegam por intermédio de uma vasta bibliografia traduzida no Brasil. Nesse caso, o diálogo pode ser ainda mais fecundo, quando tomamos nas mãos nosso próprio processo. Ao indicar, no espaço deste texto, alguns percursos, fontes e histórias envolvidos na constituição de nossa reflexão a respeito do registro e de nossa experiência de utilizá-lo como instrumento pedagógico, procuramos dar visibilidade a velhos e novos interlocutores que contribuem para o aprofundamento dessa prática.

Na nossa experiência, a centralidade do registro está apontada para a formação e a autoformação do professor. É registro escrito sobre sua prática, que nasce de anotações e ganha corpo de análise e reflexão na composição de texto sistematizado. Todavia, as produções das crianças também aparecem documentadas. Se voltarmos aos trabalhos indicados de Madalena Freire, da Escola da Vila, e de Cecília Warschauer, identificaremos este aspecto: as crianças também são protagonistas na ação de registrar. Registram-se suas produções, suas falas, seus pensamentos em torno de vivências, de temas trabalhados e situações encaminhadas. Nessa escrita, o professor é geralmente o escriba, haja vista a idade das crianças. E a valorização das produções plásticas e gráficas está evidente. O livro *A paixão de conhecer o mundo* é uma beleza nesse sentido. As crianças estão lá inteiras, refletidas no trabalho sistematizado da professora. O material apresentado revela a relação estabelecida/construída com as crianças, o espaço de todos se entrelaçando, a autoria de cada um, crianças e professor, sendo afirmada.

Na sistematização metodológica da experiência italiana, outras formas de registro são utilizadas, como nos relatam Gandini e Goldhaber (2002, p. 152):

> Podemos fazer anotações rápidas que posteriormente reescreveremos de maneira extensa, gravar em fitas cassete as vozes e as palavras das crianças ao interagirem entre si e conosco. Também podemos tirar fotografias ou *slides*, ou até mesmo gravar fitas de vídeo que mostrem as crianças e os professores em atividade. O próprio trabalho das crianças e as fotografias desse trabalho devem ser considerados essenciais.

É fundamental destacar que faz parte da proposta a discussão sistemática dos registros, seja de imagens, produções das crianças, anotações, diálogos captados em audiogravador. Esta seria a principal razão da documentação: possibilitar o diálogo com todos os envolvidos, buscando conhecer cada vez mais as crianças e seus processos de conhecimento e desenvolvimento. Com a documentação, os educadores-observadores que registram por meio de formas variadas "pretendem construir um entendimento que possa ser compartilhado acerca das maneiras como as crianças interagem com o ambiente, como elas se relacionam com os adultos e com outras crianças e como constroem o próprio conhecimento" (Gandini e Goldhaber 2002, p. 151).

É evidente a concepção de documentação, naquela perspectiva, como um meio que contribui para a ampliação da compreensão dos conceitos e das teorias sobre as crianças; como ferramenta para que os educadores observem, registrem, pensem e comuniquem os acontecimentos cotidianos que envolvem descobertas, tentativas, experiências, construções, hipóteses das crianças sobre o mundo; e também como canal de comunicação com as famílias. Assim, os registros incorporados ao projeto educativo transformam-se em

> (...) acervo cultural e político para a pesquisa sobre crianças. No que tange aos familiares, toda documentação é uma forma dinâmica de acompanhar as ações das crianças: suas pequenas e grandes descobertas. Grandes, pois há registros de festas e eventos; pequenas, pois há, principalmente, registros de sorrisos, choros, brincadeiras, disputas, expressões e percursos diversos de meninos e meninas. (Leite 2004, pp. 26-27)

Centrada no olhar da criança em suas interações, a documentação é processo cooperativo que contempla não apenas o levantamento e o recolhimento de dados, mas, sobretudo, a análise coletiva do observado. Pressupõe a interpretação junto com outros educadores e crianças (Gandini e Goldhaber 2002). Nesses termos, a "documentação pedagógica" diz respeito a um processo e a um conteúdo.

> A "documentação pedagógica" como *conteúdo* é o material que registra o que as crianças estão dizendo e fazendo, é o trabalho das crianças e a maneira com que o pedagogo se relaciona com elas e com o seu trabalho. (...) Esse *processo* envolve o uso desse material como um meio para refletir sobre o trabalho pedagógico e fazê-lo de uma maneira muito rigorosa, metódica e democrática. (Dahlberg; Moss e Pence 2003, p. 194; grifo dos autores)

O que podemos aprender com essas "experiências italianas"? No diálogo com as experiências aqui do Brasil, temos a aprender que o fazer cotidiano ganha em qualidade quando constituímos, no âmbito de cada espaço educativo, uma rede mais orgânica de reflexão sobre as crianças, seus fazeres e saberes, assim como sobre a prática com as crianças, configurada nos fazeres e saberes dos educadores. Que é necessário aprofundar a prática do registro como documentação, assumindo-a como processo coletivo. Processo que começa individualmente, com o ato de cada educador tomar nas mãos a sua história, marcando-a cotidianamente em anotações diárias, e se expande na sistematização do foco de observação, na utilização de outros meios de registro e, principalmente, na disposição ao debate, ao encontro com os outros – as crianças, os demais profissionais e as famílias.

De outro modo, o contato com bibliografias que revelam a produção legítima de educadores reafirma a possibilidade (e necessidade) da formulação de teorias que tenham como raízes a prática vivenciada e experimentada no cotidiano com as crianças, sistematizadas no processo contínuo de reflexão e crítica amparadas pela utilização do registro como documentação. Esse aspecto está presente em uma das grandes lições que nos oferecem os educadores de Reggio Emilia:[2] a teorização que sustenta aquela proposta pedagógica advém da observação e da pesquisa dos próprios educadores sobre o trabalho cotidiano construído e compartilhado com as crianças. Ali estão dialeticamente incorporadas ação e reflexão, o que encoraja todos os professores a ocupar um espaço privilegiado de produtores de teorias.

> Atividades analíticas e críticas são vitais para o desenvolvimento do professor individualmente e, em última análise, para o sistema educacional como um todo. A documentação sistemática permite que cada professor se torne um produtor de pesquisas, isto é, alguém que gera novas idéias sobre o currículo e sobre a aprendizagem, em vez de ser meramente um "consumidor da certeza e da tradição". (Edwards 1999, p. 164)

Tal como resumido na citação acima, aquela experiência nos chama a atenção para um dos papéis assumidos pelos professores: profissionais que têm o que dizer sobre processos educativos e que não são apenas

---

2. Reggio Emilia é uma cidade na região de Emilia Romagna, no nordeste da Itália. Seu sistema municipal de educação para a primeira infância tornou-se reconhecido e aclamado como um dos melhores sistemas de educação do mundo. Um dos pontos-chave da proposta reside na afirmação da imagem de criança positiva, que produz cultura, que é capaz e se expressa por meio de múltiplas linguagens. Dessa forma, o trabalho lá desenvolvido privilegia uma abordagem que incentiva o desenvolvimento intelectual da criança por meio de um foco sistemático sobre a representação simbólica. O diálogo com a arte é central, permeando toda a experiência. O livro organizado por Edwards, Gandini e Forman (1999) oferece um amplo e belo panorama da proposta desenvolvida pelos educadores de Reggio Emilia. A experiência italiana, cada vez mais conhecida dos educadores brasileiros por meio de bibliografias traduzidas e publicadas aqui, indica a necessidade de conhecermos as crianças, em suas várias dimensões, aprendendo a ver e ouvir os diversos modos de ser e fazer-se criança.

consumidores do que outros dizem. Provoca-nos a pensar nas teorias formuladas nos bancos das academias: quantas vezes analisam justamente as práticas daqueles que estão lá fazendo e criando possibilidades com e para as crianças nas diversas instituições educativas, negando-lhes a preciosa qualidade de autores, de protagonistas?

Será que a validação do conhecimento passa, necessariamente, pelas vias acadêmicas? Não. Isso já era sabido, não é novidade. Mas os educadores de *bambini*, do norte da Itália, categoricamente e com toda a beleza das coisas intensas e autênticas, ajudam-nos a reafirmar que não. Há, sem dúvida, naquela proposta de trabalho e de documentação, a explícita e fundamental

> (...) crença na capacidade profissional dos professores, com suas marcas, uma vez que cada um interpretará e transformará o seu fazer de forma que sempre possa reconhecer-se nele, de maneira a senti-lo mais legítimo e pessoal. Assim, pessoas diferentes desenvolvem/resultam em fazeres também diferentes e seus registros refletem isso. (Leite 2004, p. 26)

Como nos diz Malaguzzi (1999, p. 97), a prática é um meio necessário para que a teoria tenha sucesso e, neste caso, os professores são "intérpretes de fenômenos educacionais":

> Essa validação do trabalho prático do professor é o único "livro-texto" rico com o qual podemos contar no desenvolvimento de nossas reflexões sobre a educação. Além disso, o trabalho dos professores, quando não abandonado a si mesmo, quando não deixado sem o apoio de instituições e das alianças com colegas e famílias, é capaz não apenas de produzir experiências educacionais diárias, mas também é capaz de se transformar no sujeito e no objeto de reflexão crítica.

Seja no percurso da prática pedagógica, lançando mão de anotações rápidas ou mais elaboradas, seja ao final do processo, na sistematização de ideias, escrever é ato de totalidade. Ao registrar, o educador afirma-se autor. Marca o vivido e sonha o viver. Recupera sua palavra. Toma posse efetiva do seu fazer. Ao escrever o vivido, ele nomeia a experiência e, ao nomeá-la, inscreve-a no circuito da história.

2
APRENDENDO A SER PROFESSORA DE BEBÊS

Experiência de estágio com crianças de oito meses a dois anos

Andressa Celis Souza
Vanilda Weiss

No começo, a dúvida: O que fazer com os bebês?

Bastou piscar os olhos e a decisão já havia sido tomada: no estágio, assumiríamos a coordenação do grupo de crianças do berçário. Decidimos, mas foi um susto! Quando chegamos à Creche Nossa Senhora Aparecida, que nos convidava (e nos acolhia) a novas experiências, os grupos das crianças maiores já estavam ocupados por nossas colegas de estágio, faltando apenas uma dupla de estagiárias para acompanhar as crianças bem pequenas.

O estágio em si já era um grande desafio. Será que faria muita diferença assumir um grupo tão distinto dos demais, repleto de especificidades e peculiaridades como o berçário? Foi nessa perspectiva que resolvemos encarar o desconhecido sem contestar e sem nem mesmo estudar as possibilidades de troca com as outras estagiárias.

Toda essa preocupação se justificava pela nossa falta de experiência em lidar com crianças dessa idade (entre oito meses e dois anos). Até aquela altura de nossa formação, nosso contato fora apenas com crianças maiores. Mesmo que já tivéssemos lido e estudado a respeito do trabalho com crianças tão pequenas, não conseguíamos pensar concretamente sobre o que faria parte de sua rotina. Com certeza sabíamos dos cuidados pertinentes ao dia a dia delas, porém nossa indagação maior era: que tipo de trabalho desenvolver com essas crianças ainda tão pequenas, que "não falam", não escrevem e nem mesmo conseguem segurar "direito" um lápis, um pincel etc.?

Depois de tanta ansiedade e tanta aflição, já convalescidas, passamos para a etapa das observações. Demos início às buscas a fim de tentar desvendar o que realmente fazia parte daquele mundo que reunia 16 crianças (nove meninos e sete meninas) e que, daquele momento em diante, faria parte também do nosso cotidiano ao longo do estágio.

Após algumas observações do grupo que acompanharíamos, passamos, juntamente com todas as estagiárias, um tempo longe da creche, escrevendo o nosso "Plano de Bordo" (projeto coletivo de estágio) e analisando as possibilidades de descobertas que nosso itinerário poderia proporcionar a todos os embarcados naquela viagem. Ao retornarmos, realizamos outras observações, dessa vez com o olhar mais aguçado, acompanhando cada passo e cada movimento das crianças com as quais viríamos a conviver diariamente, interferindo em sua rotina, em seus referenciais, criando vínculos.

Nessa nova fase, ao observarmos os pequeninos, tornamo-nos auxiliares da turma do berçário. Ficamos muito próximas das educadoras do grupo. Pela natureza do trabalho com essa faixa etária, seria mesmo impossível ficar só olhando... A rotina com essas crianças tão pequeninas é algo extremamente intenso e agitado. Assim, nada melhor do que pôr a "mão na massa". Para tanto, foram importantes a abertura e a compreensão das educadoras com quem fomos construindo uma relação de integração e confiança que traria benefícios para nós todas: estagiárias, educadoras e, principalmente, para as crianças. Com as etapas das observações já concluídas e com o "Plano de Bordo" elaborado, chegara enfim a hora de pegarmos no leme com a intenção de explorar aquele novíssimo território que envolvia os bebês e sua educação no coletivo da creche.

Compartilhamos, neste artigo, uma significativa parte do que vivenciamos com aqueles pequeninos. Buscamos, assim, dividir nossas angústias, incertezas, alegrias e, essencialmente, mostrar que o trabalho com uma turma de crianças tão pequenas não deve estar associado à produção, mas, prioritariamente, a muita experimentação. E foi partindo dessa orientação que conseguimos encaminhar e desenvolver muitos dos objetivos listados em nosso planejamento.

Assumir o estágio com uma turma de crianças tão pequenas foi muito mais do que nos aventurarmos rumo ao desconhecido, atrás de novos horizontes. Tratou-se de uma experiência na qual pudemos refletir sobre algo que conhecíamos apenas teoricamente, possuindo pouca ou nenhuma vivência prática a respeito.

Por sabermos pouco sobre o universo que circunda os bebês, sentíamo-nos desorientadas. Desse modo, passamos a procurar por uma direção, um caminho a seguir. Dentro da creche, iniciamos olhando para um lado, depois para o outro; para a frente e para trás. Olhamos até para o alto. No entanto, o que procurávamos se encontrava debaixo do nosso nariz: ali estavam as crianças que, a todo momento, indicavam um caminho a ser seguido. Sinalizavam com gestos, balbucios, sorrisos, danças, choros, palmas, entre outras manifestações, a sua necessidade de agir e interagir com o outro e/ou com o meio no qual se encontravam.

> Uma das primeiras formas de "linguagem da criança" é a utilização do movimento de seu corpo para "dialogar" com o outro. Este diálogo pode ser iniciado pela criança ou pelo outro. Pode surgir da própria criança ou pode surgir através da imitação. Em ambos os casos, é a busca do estar em comunicação, que é uma manifestação humana. (Lima 2002, p. 8)

Mas como fazer para entender esses gestos? Como já dissemos, até chegarmos ao estágio no berçário, nosso contato tinha se dado apenas com grupos de crianças que já se comunicavam por meio da linguagem oral. E, por isso, conseguir interpretar os sinais que essas crianças ainda tão pequeninas mostravam não estava sendo uma tarefa fácil.

Do início ao fim do estágio, fizemos muitas interpretações errôneas a respeito do que aquelas crianças tentavam nos dizer. Em determinadas ocasiões, nós, estagiárias, brincávamos tentando imaginar o que aqueles pequenos pensavam ou se perguntavam a nosso respeito. Talvez surgissem pensamentos mais ou menos assim: "Como podem essas duas desorientadas partir para uma viagem, assumindo a responsabilidade do leme, se mal sabem interpretar os sinais que lançamos indicando que direção seguir? Será que elas conseguirão nos colocar em terra firme?".

Da água do banheiro à argila, da higiene à brincadeira

Como já mencionamos anteriormente, deixamos de compreender muito dos gestos das crianças, principalmente no início de nosso estágio. Serve como exemplo, aqui, uma situação que acontecia todos os dias. Antes e após as refeições, seguindo uma organização que já estava estabelecida na dinâmica diária do berçário, levávamos as crianças para o banheiro para que pudessem lavar as mãos. Para evitar possíveis momentos de "desconforto", preferíamos levar uma criança por vez. Esse desconforto a que nos referimos são aquelas situações que emergem quando as crianças se deparam com o elemento água. Parece que o que querem é se molhar inteiramente e não apenas lavar as mãozinhas. Episódios como querer mexer na torneira enquanto uma das mãos estava sendo lavada ou colocar novamente debaixo da água a mão que já havíamos enxugado eram constantes no dia a dia de uma significativa parcela daquelas crianças.

É certo que o banheiro não é o lugar mais adequado para fazer "molhaduras", principalmente por ser um espaço também utilizado por outras crianças da instituição. Diante desses acontecimentos, nossas intervenções se davam mais para manter o controle do ocorrido do que para uma maior exploração dele. É certo, também, que o desconforto maior era nosso, que não sabíamos muito bem o que fazer, pois as crianças adoravam brincar com a água nesses momentos. Higiene e brincadeira não tinham ali diferença nenhuma. Só depois de muita reflexão e orientação pudemos perceber que aquela curiosidade em mexer, sentir e explorar estava inteiramente ligada à faixa etária cujos segredos nos dedicávamos a desvendar.

Por deixarmos a desejar naqueles momentos "turbulentos" que vivíamos no banheiro e por muito pouco sabermos lidar com eles, começamos a pensar em estratégias que favorecessem a interação entre criança e criança, criança e estagiária e criança e meio, a fim de proporcionar, a todos os envolvidos novas experiências, contentamentos, além de momentos ainda mais significativos.

Por meio da atividade realizada com argila misturada à água, pudemos quitar um pouco de nossa dívida para com as crianças. Nessa brincadeira, realizada em pequenos grupos, nossa intenção era propiciar o contato e a exploração de materiais geralmente pouco utilizados com crianças pequenas. Materiais esses que, apesar de sua importância, muitas vezes são deixados de lado pela "lambuzeira" que fazem e pela atenção que requerem por parte do educador. No entanto, quando o espaço é pensado e organizado para esse fim, tendo única e exclusivamente a criança como foco, o que normalmente não passaria de uma tremenda "lambuzeira" se transforma em momento de exploração e descobertas, como citamos neste fragmento de um de nossos registros.

> O dia hoje estava quente, muito quente! Propício para brincarmos com água. Optamos por organizar o espaço do solário para desenvolvermos a proposta com argila.
> Inicialmente, vestimos cada criança do grupo com camisetas destinadas para trabalhos com pinturas, água e etc. cedidas pela creche, e as levamos para o espaço já organizado. Havíamos forrado o chão com lona, preparado jarro com água, vasilhas plásticas para fazerem a mistura e pedaços de argila.
> Poucas crianças mostraram resistência em mexer com este material. Essas, talvez, tivessem estranhado sua cor ou textura. Os demais apresentaram entusiasmo ao se depararem com esta nova experiência ao apertar, amassar e até arriscar dar uma outra forma ao pedaço de argila que lhe fora dado. Quando acrescentada água

à argila, a festa foi ainda maior, uma vez que sua nova textura facilitou muito às crianças o seu manuseio. (Registro do dia 22/11/06)

Essa vivência reforça o que já indicamos anteriormente: que o trabalho com bebês não deve estar associado a produção, mas sim a muita experimentação. Porém, ir contra a ideia de que o processo educativo necessita apresentar um resultado palpável, um produto, foi um grande desafio para nós, desde o início do nosso estágio. Sentíamos necessidade permanente de ver algo concreto, para poder mostrar aos outros e a nós mesmas o que havíamos ensinado e o que as crianças haviam aprendido, como se isso fosse uma verdade absoluta. Encontramos nas palavras de Fernanda Tristão (2006, p. 52) uma direção para analisar essa nossa "necessidade". A pesquisadora nos diz:

> No imaginário das profissionais da educação e, mesmo no senso comum, há a noção de que deve haver a produção de algo para estar caracterizado um processo educativo, bem de acordo com a noção da sociedade capitalista onde vivemos, que valoriza os resultados como lógica estruturante.

Somente após passarmos pela experiência de planejar o trabalho com os bebês, depois de vivenciarmos o cotidiano com aquelas crianças, propondo e avaliando as propostas, é que conseguimos, enfim, chegar a esta conclusão: a prática pedagógica com bebês tem características muito particulares; para lidar com crianças dessa faixa etária é preciso construir vivências significativas, envolvendo exploração, com todos os sentidos. Foram muitas as conversas que tivemos com nossa orientadora acerca dos acontecimentos decorridos durante o estágio, pensando, repensando. Apesar de hoje estarmos esclarecidas a respeito da importância da experimentação (que envolve o corpo inteiro: tocar, pegar, mexer, molhar, misturar, movimentar-se etc.), foram, e quem sabe ainda serão, necessárias muita atenção e muita reflexão para não cairmos em uma prática reducionista. Pois, se, por um lado, como observou Tristão (2005, p. 52) "o trabalho com bebês 'não aparece' dentro da instituição", já que aparentemente "as crianças 'não produzem' concretamente nada", por outro, elas fazem e dizem muito. Só precisamos querer (e aprender a) ouvi-las e vê-las.

As crianças pintam e nós controlamos... Tem sentido?

No início de nosso trabalho de coordenação, como a creche se preparasse para a chegada da primavera e desejássemos decorá-la, levamos para a sala do berçário pequenas flores feitas de cartolina, pretendendo que as crianças as pintassem com tinta guache usando seus próprios dedinhos. Revestimos a mesa com papel pardo, a fim de evitar manchas, uma vez que ela era também utilizada para outros fins, como servir o lanche às crianças. Organizamos o primeiro pequeno grupo para participar da proposta. Uma de nós ficou conduzindo a pintura, enquanto a outra permaneceu com as demais crianças em um outro espaço. A ideia da pintura das flores baseou-se nos objetivos traçados em nosso "Plano de Bordo", que apontava a necessidade de apresentar diversos materiais, formas e proposições, com os quais as crianças pudessem se expressar. Porém, até aquele momento, não havíamos interiorizado, na íntegra, a ideia de propor momentos de experimentação a elas. Como poderá ser observado no relato a seguir, ainda não tínhamos incorporado o sentido real de "experimentação".

O que, então, ocorreu no decorrer dessa proposta? O que pode ter acontecido com as crianças? Choraram? Riram? Ingeriram tinta? Conseguiram pintar perfeitamente a pequena flor recortada em cartolina que lhes foi dada? As estagiárias perderam o controle da situação? Essas são possíveis perguntas formuladas por vocês, leitores, neste momento. O fato é que, mais uma vez, o que recebemos das crianças foram mais sinais indicativos.

Elas começaram a pintar as flores colocadas sobre a mesa, orientadas pela estagiária, que lhes mostrava onde "deveriam" colorir. No entanto, as crianças queriam mais que isso. Seus movimentos deixavam claro que elas desejavam pintar não as flores, mas a folha de papel que cobria a mesa. E só queriam parar de fazer isso para mergulhar a mãozinha na tinta e sentir sua textura. Como não perceber que, naquele momento, as crianças estavam pesquisando um novo território, guiadas pela curiosidade? Preocupada em dar conta da atividade, a estagiária deixava de ver as crianças e caminhava em sentido contrário, chamando a atenção delas, inibindo-as de explorar aquele curioso material. Tudo bem com as crianças, estavam certas. Mais uma vez, o problema encontrava-se na postura do adulto de querer contornar/controlar a situação.

Muitas vezes erramos e temos consciência disso. Porém, por meio de reflexões ao longo do processo, foi possível rever algumas de nossas posturas/atitudes, repensá-las e apresentá-las de outra forma na continuidade do estágio. Vale ressaltar que o exercício de reavaliar nossa prática só se tornou possível porque estávamos acompanhando o movimento das crianças e, especialmente, registrando-os. Como nos falam Gandini e Goldhaber (2002, p. 152):

> Através da observação e da escuta atenta e cuidadosa às crianças, podemos encontrar uma forma de realmente enxergá-las e conhecê-las. Ao fazê-lo, tornamo-nos capazes de respeitá-las pelo que elas são e pelo que elas querem dizer. (...) para um observador atento, as crianças dizem muito, antes mesmo de desenvolverem a fala.

Por meio do registro podemos observar e examinar criticamente o que estamos vivenciando e propondo com/para as crianças, o que faz dessa prática algo indispensável em nosso fazer docente. "(...) Na escrita, vamos ampliando a compreensão de nossa prática. Vamos percebendo o grupo, o seu movimento; vamos levantando questões sobre o que é preciso melhorar no dia a dia junto com as crianças, dar mais atenção, rever" (Ostetto, Oliveira e Messina 2001, p. 22).

Podemos afirmar, assim, que conviver com aqueles pequeninos ao longo de nossa experiência de estágio, registrando todos os momentos compartilhados, possibilitou-nos conhecer muito mais sobre o seu mundo do que a leitura que havíamos realizado de muitos livros na área de educação infantil. Permanecermos atentas às crianças, observando-as, desde um choro incessante a uma boa gargalhada, permitiu-nos traçar dia a dia propostas que lhes fossem ainda mais interessantes e significativas.

Quanta função! Rotinas e bebês

Apesar de sabermos da importância do estabelecimento de uma rotina, com uma sequência básica de atividades diárias para orientar o cotidiano das crianças, oferecendo-lhes apoio para que se situem em relação ao tempo e ao espaço, reconhecendo aos poucos os diferentes horários da jornada diária (Oliveira *et al.* 1992), muitas vezes essa rotina se transforma em vilã. Se, por um lado, a estrutura orientadora da rotina permite que as crianças convivam na creche num clima de segurança, dando suporte para o acontecimento de coisas novas, por outro lado, o tempo proposto para cada momento parece ser curto. No corre-corre que faz parte do cotidiano de uma turma de pequeninos, isso fica mais evidente.

Quanta função! Essa foi uma das expressões mais pronunciadas por nós, nos desabafos que fazíamos à nossa orientadora em nossas reuniões, em relação ao que estávamos vivenciando no berçário. Ainda na fase de observações, assustadas por assistirmos de "camarote" ao corre-corre pertencente à rotina daquelas crianças, pensávamos: em que horário conseguiremos realizar alguma atividade com os bebês? Passávamos quase a tarde inteira envolvidas com outros fazeres de rotina, de atividades básicas. Hora do lanche: arrumávamos a mesa, colocávamos o babador nas crianças, ajudávamos a servi-las; terminado o lanche, tirávamos os babadores, levávamos uma a uma para lavar mãos e boca; em seguida, era hora de trocar as fraldas. Todas trocadas, calçávamos os tênis em cada uma delas para irmos ao parque. Lá, brincam. Ao voltarem à sala, novamente lavávamos suas mãozinhas. O jantar chegava e começávamos a servi-lo. O ponteiro do relógio aproximava-se das 17 horas; ainda precisávamos trocar as fraldas e as roupas de cada criança. Às 17h15min, algumas delas já começavam a ir embora. Era chegada a hora de nós, estagiárias, sairmos (17h30min)...Ufa! O tempo passara e uma pergunta, de outras várias, ficava: o que "ensinamos" a elas hoje?

Nessa dinâmica, o que nos afligia era a falta de tempo que restava, ou não, para desenvolvermos uma atividade. Atividade era como chamávamos àqueles momentos destinados ao fazer pedagógico. Essa ideia, no entanto, foi sendo desconstruída após muitas discussões, leitura de textos e análises. Fomos aos poucos compreendendo que situações significativas podem surgir em todas as ações e relações desenvolvidas com as crianças e, principalmente, que elas não aprendem unicamente na "hora da atividade" (Ostetto 2000). Para trabalhar com os bebês, é essencial ter claro: tudo é atividade, pois todas as ações e proposições educam – trocar-lhes as fraldas, oferecer-lhes água ou um brinquedo, conduzi-los ao parque ou deixá-los em sala, permitir-lhes experiências de manuseio de diferentes materiais ou controlar a exploração. Os pequenos gestos – o que se faz ou se deixa de fazer – vão contar. Por isso mesmo, a prática com os bebês é marcada pela sutileza (Tristão 2005).

Ocorre que passávamos muito tempo envolvidas com a organização da sala, com a distribuição das refeições, com as trocas de roupas e fraldas. Esses afazeres, inicialmente, nos suscitavam certas preocupações com o desenvolvimento das propostas que havíamos preparado para o decorrer do dia e que, até aquele momento, julgávamos serem as mais importantes. Compreender que a atividade educativa abarca todo o cotidiano nos fez ver que todas as ações/situações realizadas com os bebês tinham sua relevância, e que por isso deveriam ser também observadas e cuidadosamente planejadas, a fim de se tornarem "significativas" para ambas as partes, educador e criança. Um diálogo estabelecido com as crianças em meio à troca das fraldas pode ser um exemplo disso. Quando criado esse contato, seja ele por meio da linguagem falada ou gestual, constrói-se um vínculo que possibilita ricas trocas entre ambas as partes, ampliando o repertório de ações das crianças (Oliveira *et al.* 1992).

O adulto, habituado à linguagem falada, encontra dificuldades para compreender outras formas de comunicação e expressão, que, no caso das crianças pequenininhas, são os olhares, os toques, os gestos, o choro, os sorrisos, os balbucios. Na maioria das vezes, o que ocorre com os profissionais envolvidos no trabalho com bebês é isto: não conseguem perceber esses sinais comunicativos, tão complexos. Estar atento ao que eles nos indicam por meio de suas manifestações/reações e alfabetizar-se nas diversas linguagens dos bebês, buscando melhor entendê-los e ouvi-los, são atitudes essenciais a quem realiza trabalhos com crianças ainda tão pequenas. (Tristão 2005).

No entanto, não devemos desmerecer o tempo que destinamos a planejar e desenvolver alguma proposta mais estruturada, mais orientada para o dia a dia. Isso também tem sua relevância, mas apenas quando essa proposta leva as crianças em consideração, quando ela é construída com base na observação e no olhar atento sobre suas especificidades. Porém, mesmo cientes disso, caímos muitas vezes no erro, ainda que inconscientemente, de não levar em conta as necessidades dos pequenos.

Uma de nossas propostas, apesar da intenção ser outra, acabou por reduzir-se a uma mera atividade sem sentido e reprodutora de estereótipos; foi o caso da tentativa frustrada e malconduzida da primeira pintura feita com guache, na qual pretendíamos que as crianças pintassem nos limites da flor recortada em cartolina... Ao término dessa atividade, refletimos e concluímos que ela fora pensada visando à satisfação de uma necessidade de adulto, uma vez que pretendíamos pintar as flores a fim de enfeitar a instituição para celebrar a chegada da primavera. Agindo dessa forma, desconsideramos a necessidade que as crianças possuem de explorar ao máximo o que lhes está sendo apresentado ou oferecido. Além do mais, aquilo não fazia o menor sentido para elas.

Enquanto realizávamos a pintura, ficamos o tempo todo intervindo (melhor dizendo, controlando!) para que as crianças voltassem a se concentrar no que "deveriam" fazer: pintar, única e exclusivamente, o interior da pequena flor construída com cartolina. Elas demonstravam mais interesse em lambuzar as mãos, sentindo a textura, a cor e o cheiro da tinta utilizada; buscavam ir além, pintando, também, o papel com o qual cobríramos a mesa. Refletir sobre nossa postura nessa atividade conduziu-nos a desenvolver uma nova proposta, agora sim levando em consideração o desejo anteriormente apresentado pelos pequenos de mexer, lambuzar e pintar espaços maiores com a tinta.

Agora sim! As crianças pintam, experimentam e se divertem

Organizamos então uma boa estrutura e reservamos um tempo mais adequado para desenvolver a repensada proposta. Em um dos cantos do salão que serve de refeitório para as crianças, forramos o chão e parte da parede com lona preta. Na lona fixada à parede colamos dois pedaços de folha branca com meio metro de comprimento por 60 centímetros de largura cada uma – o espaço oferecido dessa vez para que as crianças pudessem pintar era bem maior que a superfície da "flor" antes lhes dada, inclusive por ser uma folha para cada criança. Pincéis, escovas de dentes e trinchas foram colocados ao alcance das crianças para que optassem por aquilo que mais lhes agradasse.

No decorrer da atividade, era extremamente visível a satisfação dos pequenos. Apenas um garotinho ficou um pouco ressabiado e precisou da ajuda de sua "verdadeira professora" para arriscar alguns rabiscos no papel. Foi muito engraçado quando demos a ele uma escova de dentes para pintar: sua primeira reação foi levá-la à própria boca e depois à boca de sua professora. Após mostrarmos a função daquele objeto naquela atividade, o menino aceitou experimentá-lo como pincel.

As crianças superaram nossas expectativas. Trocaram frequentemente as cores de tinta guache disponíveis, exploraram grande parte do papel com suas verdadeiras obras, seus legítimos traços; algumas optaram por usar também as mãos e não somente o que havíamos colocado como alternativa para pintarem; rabiscaram, também, na folha dos colegas, e o melhor de tudo: não foi fácil convencê-las a retornar para a sala. Para nós, esse sinal comprovou o quanto lhes foi significativa e gratificante aquela nova experiência.

A sala como ambiente: Era uma vez uma casinha

Hoje sabemos da importância da organização do espaço para o desenvolvimento de uma proposta educativa. Sabemos que o espaço não é apenas físico, é ambiente: de vida, de relações e de trocas. Principalmente, sabemos que ele contém uma dimensão simbólica, reflexo de objetivos, concepções e metas de quem o organiza (Carvalho e Rubiano 1994). Dessa forma, olhamos atentamente para aquela sala de bebês, buscando compreender sua organização e perceber o movimento das crianças dentro dela.

Nessa sala, existiam dois balcões, encostados à parede, com finalidades diferentes. Sobre um deles, ficavam apoiados vários potes plásticos e algumas cestinhas também plásticas, nos quais eram guardadas, separadamente, toalhas de papel, chupetas e agendas das crianças etc. Debaixo desse balcão, havia um espaço em que ficavam os brinquedos utilizados por elas. Uma cortina de tecido fechava essa parte inferior do balcão, o que facilitava muito a entrada das crianças nesse "esconderijo" e também sua saída dele. O outro balcão servia, principalmente, de apoio às bandejas que chegavam da cozinha trazendo as refeições oferecidas aos pequenos.

Além desses dois móveis, na sala havia ainda um armário de duas portas, onde eram colocados diversos materiais; lá estavam também dois berços de madeira escura e um painel, não muito alto, também de madeira, servindo de expositor para as produções das crianças.

Chegando à porta da sala, na parede oposta estavam as janelas com cortinas, para "fazer o escurinho" no momento em que as crianças dormiam. Em uma das paredes laterais estavam as fotos de cada criança, coladas em papel colorido, com a data de aniversário e o nome delas. Na outra parede, acima dos balcões, havia vários ganchos para pendurar as mochilas dos pequenos. Além da porta de entrada, a sala contava com outras duas portas, que davam acesso a locais distintos: uma facilitava a saída para o parque e a outra para o banheiro.

O centro da sala era destinado a várias funções: organização de colchões na hora do "soninho"; espaço para as crianças caminharem e brincarem livremente, ou se sentarem à espera das refeições; palco de todas as outras atividades que necessitavam de espaço para ser realizadas, como, por exemplo, a "hora da roda".

Analisando os vários elementos observados, poderíamos dizer que a sala dos bebês estava configurada, conforme tipologia encontrada em Carvalho e Rubiano (1994), com um arranjo espacial aberto, com os móveis encostados às paredes e um espaço central vazio. Dessa forma, não oferecia muitas possibilidades de exploração e interação entre as crianças. O adulto era muito mais requisitado.

Compreendendo que aquele não era o melhor jeito de organizar o espaço para os bebês, conversamos, trocamos ideias e estudamos possibilidades. De forma coletiva, como atividade geral do estágio, reunimo-nos com as educadoras para assistir ao vídeo *Um ambiente para a infância* (Cindedi 2002), que discutia a respeito da organização dos espaços na educação infantil. Foi muito produtiva essa conversa, pois nos incentivou a buscar novos caminhos, de comum acordo com as educadoras do berçário.

Assim, ao longo do estágio, fomos fazendo tentativas, buscando um ambiente que oferecesse às crianças diferentes oportunidades de exploração, ampliando e enriquecendo suas experiências. Como já indicou a educadora Lílian S. Thiago (2000, p. 58):

> É preciso oferecer espaços com propostas diferenciadas, situações diversificadas, que ampliem as possibilidades de exploração e "pesquisa" infantis. As crianças realmente ampliam a capacidade de exercitar a autonomia, a liberdade, a iniciativa, a livre escolha, quando o espaço está adequadamente organizado.

Foi nesse contexto que surgiu, com boas intenções (acreditem, leitores!), uma casinha feita de TNT, pendurada ao teto da sala com náilon e fita adesiva, a fim de ocasionar momentos de interação, imitação, aprendizagem e outros. Porém, vimos, literalmente, "nossa" casa ir ao chão, pois não haveria como ela resistir a tantos puxões dados pelas crianças. Não podemos negar que aquela casinha, mesmo que humilde, chegou a levar certa alegria às crianças. No entanto, essa alegria foi efêmera, uma vez que a estrutura da sala e os materiais de que dispúnhamos não permitiam que ela se fixasse no teto por muito tempo. Tchau, casinha! Foi um erro de planejamento, pois os materiais, muito frágeis, não poderiam ser manuseados pelas crianças, ou seja, não eram adequados. De que adiantaria fazer uma casinha, ou qualquer outra coisa do gênero, somente para enfeitar a sala, para nos satisfazer, para podermos dizer que a havíamos elaborado? Se as crianças não podem mexer no objeto criado para elas, nem participar plenamente de alguma atividade que o utilize, então esse objeto não é bom. Não desistimos, pois sempre ouvimos dos mais velhos e experientes: "pior que errar é não corrigir o erro". Mais para o final de nossa coordenação, com melhor planejamento e tempo adequado para a confecção do brinquedo, conseguimos dar às crianças uma nova casinha, ou melhor, uma casa. Esta sim era alta, espaçosa, feita com tecido de algodão, e, sobretudo, estava bem presa ao teto. Dentro dela colocamos colchonete, poltroninhas e demais objetos que as crianças quisessem levar consigo, aumentando as chances de surgirem imitações, interações, criações etc. Assim pudemos compartilhar o prazer e a satisfação com as crianças.

Sobre nossas aprendizagens

Em uma sociedade egoísta como esta em que vivemos, não raro tomamos atitudes egocêntricas. O curso de Pedagogia ajudou-nos a ver que tudo, ou quase tudo, nos processos educativos, pode ser construído no coletivo, por meio de diálogo, na troca. Isso é desejável. Na vivência do estágio, policiamo-nos e lutamos contra essa concepção individualista instaurada. Como tudo é aprendizagem, não há como fugir dos inesperados escorregões. Como explicitamos ao longo do texto, cometemos erros indesejáveis para com as crianças com quem estagiamos, e foram justamente aqueles meninos e meninas do berçário que nos ajudaram a ver nossos limites e a rever nossos posicionamentos e atitudes.

Satisfazer a própria vontade, fazer algo apenas pelo prazer de dizer que fez – atitudes como essas devem ser abolidas da prática da educação infantil e de qualquer outro nível de ensino. Na educação infantil, mais especificamente falando do berçário, tratamos com crianças ainda muito pequenas e por isso precisamos estar atentas para os sinais que nos são transmitidos por elas. Após avaliação de nossa prática, percebemos que as aprendizagens – o que pudemos rever e refazer durante nosso estágio – deveram-se à atenção que demos para o que as crianças nos apontavam por meio de suas expressões, de seus choros, risos e balbucios. Dessa forma, estar com os bebês, aceitando o desafio de conviver com suas especificidades, reafirmou a necessidade de aprender a ver e ouvir suas linguagens.

Ter o olhar atento às necessidades das crianças foi o que nos permitiu transformar aquilo que inicialmente parecia um "pesadelo" (planejamento das propostas para os bebês) em algo significativo, prazeroso e até mesmo divertido. Aprender a "olhar o outro" (crianças), desprendendo-nos dessa cultura voltada para o "eu" (adulto), foi sem dúvida nenhuma a maior das conquistas adquiridas ao longo do estágio.

Ao embarcarmos rumo ao incerto e desconhecido, muitos sentimentos e sensações foram surgindo. Medo, inquietação, ansiedade. Aventurarmo-nos nesse mar que é a creche, de peito e coração abertos, exigiu-nos comprometimento com todos os que estavam por perto.

Com as crianças e os adultos, companheiros de viagem, buscamos construir relações de confiança e respeito. Assim, passamos por um processo constante de desconstrução, despindo-nos de certas convicções e construindo aprendizados, com aqueles que navegam todo dia nesse mar muitas vezes agitado. Por isso, não podemos concluir este artigo sem antes agradecer a todos os "outros" que de alguma forma transformaram o estágio em momentos de ricas aprendizagens. Muito obrigada a todos!

3
AVENTURAS DE VIVER, CONVIVER E APRENDER COM AS CRIANÇAS

Experiência de estágio com crianças de dois a três anos de idade

Cristina Dias Rosa
Elisandra Silva Lopes

O grupo do Maternal I reunia 17 crianças: sete meninas e dez meninos. Quando pisamos pela primeira vez na sala da turma e nos encontramos com as crianças, algumas nos olhavam como se fôssemos alienígenas acabando de chegar do planeta Marte, outras sorriam um sorriso mais acanhado, outras, um sorriso aberto e alegre, outras ainda nem sorriam, só choravam.

Estávamos dando início a uma história que prometia surpresas e aventuras. Antes de tudo, para prosseguir, era preciso conhecer um pouco aquelas crianças. Do que gostavam? Quais suas preferências? Como eram no cotidiano? O que faziam?

Com o passar dos dias, fomos percebendo que os pequeninos gostavam muito de brincar. Normalmente o enredo dessas brincadeiras estava relacionado ao mundo do faz de conta, incluindo bruxas e lobos-maus. Mas também brincavam de carrinho, de cantar "Parabéns", de falar ao telefone, de casinha, de fazer bolo, de fantoches, de bonecas, de bonecos, de cavalinho, com areia, de fazer bolinha de sabão, de pular, de pintar, de boi de mamão... Gostavam de "contar" e ouvir histórias. De dançar e cantar. De estar e brincar no parque, no trenzinho. Gostavam, enfim, de tudo aquilo que envolve o ter e o viver a infância em sua plenitude, cujo ingrediente principal é a brincadeira partilhada, nas interações e na construção de significados, como nos revela a cena a seguir:

> As crianças foram até o refeitório que estava todo organizado por cantinhos: da boneca/casinha, do boneco/madeirinha, do quebra-cabeça, do origami, da cabaninha e do carrinho/madeirinha. Em uma de suas interações nesse espaço, Nicole, Léo e Fellipe brincavam de lobo-mau no cantinho da cabaninha. Nicole ficava dentro da cabaninha e Léo e Fellipe do lado de fora. Léo bate na porta e Fellipe tenta entrar na cabana, mas o lobo-mau (Nicole) não deixa. Os dois então se preparam para chamar o lobo, tomam distância e riem. Até que... resolvem ir!!! Chamam "Lobo, lobo...". O lobo (Nicole) aparece na janela e diz: "Oooolha o lobooo!!!". Os dois gritam e dão gargalhadas, vão embora e voltam mais algumas vezes, e o "ritual" se repete em todas elas. (Registro dia 2/10/2006)

Essa nossa aventura teve como guia o projeto de estágio "Viajando por territórios desconhecidos: Criando e recriando possibilidades na creche", elaborado pelo grupo das dez estagiárias que estavam na Creche Nossa Senhora Aparecida, no bairro Pantanal, em Florianópolis. Tal projeto teve como objetivo orientar nossos rumos coletivos, buscando unidade na atuação e explicitando os eixos norteadores de nosso trabalho. É importante dizer que ele foi construído por meio do diálogo com os profissionais da creche, sobre as primeiras observações que realizamos, na sétima fase do curso de Pedagogia.

Com base nesse projeto coletivo de estágio, elaboramos nosso projeto "Descobrindo e redescobrindo caminhos no grupo do Maternal I", que teve como metas experimentar e analisar o trabalho em pequenos grupos, rever a organização do espaço e criar/ampliar possibilidades para as crianças vivenciarem as múltiplas linguagens.

A seguir apresentaremos alguns retratos que revelam o vivido, nos quais as crianças e seus movimentos melhor aparecem. Esses retratos são trechos, cenas, pedaços das histórias que foram compartilhadas com os pequenos, visto que não seria possível trazer aqui todo o cotidiano, por ser muito complexo.

O trabalho em pequenos grupos: Aprendendo a olhar o processo

Estruturamos o projeto de trabalho em torno da experimentação e da exploração dos quatros elementos: terra, fogo, ar e água.

Logo no início de nossa coordenação, mais especificamente no segundo dia, realizamos propostas como: bolinha de sabão, papietagem e brincadeiras na sala de referência. Para tanto, procedemos à organização do grande grupo de crianças em grupos menores. Respeitando a estrutura orientadora da rotina da creche, aquelas propostas foram realizadas após o jantar. Como primeiras tentativas de trabalho em pequenos grupos, percebemos que a maneira como estruturamos tais atividades, pretendendo que os pequenos passassem por cada uma delas em sistema de rodízio, não funcionou. O tumulto causado dispersou as crianças e elas não vivenciaram as experiências com qualidade.

Assim, chegamos à conclusão de que a forma como estávamos propondo aquele tipo de trabalho teria de ser mais bem pensada e organizada. Percebemos que o horário escolhido para isso (após o jantar) não era apropriado, pois os pequenos já estavam com as roupas e fraldas trocadas (a hora de ir para casa se aproximava) e não era recomendável que se sujassem ou se molhassem. Além disso, não haveria tempo suficiente para eles explorarem os materiais da melhor forma possível, podendo até mesmo se melecarem "à vontade".

Com o passar dos dias, fomos avaliando nosso planejamento e começamos a realizar a proposta de pequenos grupos em outros momentos, especialmente no horário do parque. Essa mudança foi bastante positiva:

> A tarde do terceiro dia foi mais tranqüila que nos dias anteriores. A experiência de realizar a "atividade" com pequenos grupos (bolinha de sabão) durante a hora do parque foi bem mais positiva, porque permitiu um tempo mais prolongado para que os pequenos

> explorassem os materiais e ficassem mais livres para se envolverem. (Registro dia 18/10/2006)

Ainda em relação ao trabalho com o elemento água, realizamos a experiência de fazer tinta com água e papel crepom dentro de garrafas *pets*, deixadas depois na sala para que os pequenos as explorassem bastante:

> A atividade de colocar água e papel crepom (de diversas cores e em tiras) dentro de garrafas *pet* foi muito interessante. Todos adoraram segurar, sacudir e brincar com as garrafas. (...).
> Na sala, observei que algumas crianças brincavam com as garrafas de água colorida. Tereza virava a garrafa para lá e para cá tentando se equilibrar sobre a mesma; já outras crianças carregavam a garrafa no colo, de um lado para o outro da sala, dizendo ser o filhinho. (Registro dia 16/11/2006)

Realizamos também o trabalho com pintura em papel pardo (faixa grande, colocada no muro) e com pincéis grandes. Esse trabalho aconteceu em duas etapas. As crianças se melecaram bastante e pintaram à vontade:

> Quando chegaram à "quadra" e viram colado na parede um pedaço grande de papel pardo, as crianças vibraram de alegria. Principalmente, quando mostrei os pincéis e também as vasilhas com tinta. Os pequenos se divertiram bastante, pintaram à vontade. No entanto, minha grande preocupação era com a quantidade de papel (se era ou não suficiente!) e também com o tempo, pois meu temor era de não transformar aquela experiência em "hora da atividade". (Registro dia 23/10/2006)

Na experiência com blocos de argila, a proposta foi provocar o contato com materiais diversos e incentivar sua exploração por parte das crianças. Para isso, disponibilizamos a argila sobre um enorme plástico branco, estendido na parte externa da sala. Foi muito interessante perceber as formas de parceria entre os pequenos e suas brincadeiras, como ocorreu no episódio protagonizado por Gabriel:[1]

---

1. A captação e a divulgação das imagens das crianças, apresentadas neste artigo, foram autorizadas pelos pais ou responsáveis.

> Gabriel chegou para brincar alegre e feliz. Sentou-se no plástico, abriu as pernas e colocou a argila entre elas. De início somente a acariciava, fazendo pequenos furos com os dedos. Então, me aproximei e perguntei: "Gabriel, o que você está fazendo?". E ele então me respondeu: "A casa da bruxa!". Passado algum tempo, ele voltou-se para mim novamente, dizendo: "Tina, olha a casa da bruxa!". (Registro dia 21/11/2006)

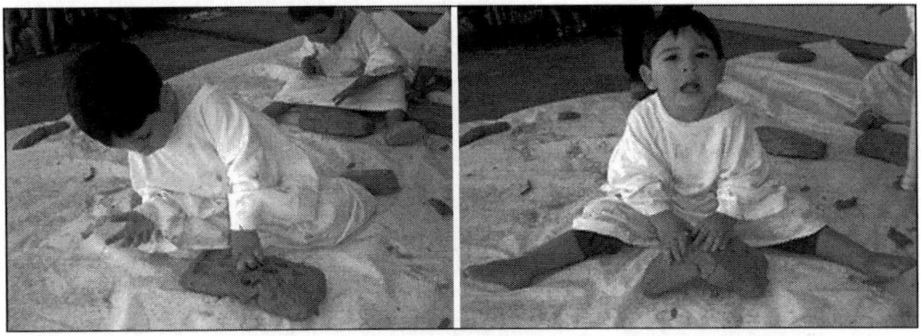

Outras experiências que fizemos envolveram os elementos fogo e ar. Com o fogo, realizamos a conhecida proposta de pintar com giz derretido, utilizando vela acesa, cartolina e giz de cera grande. As crianças se envolveram bastante, colocando o giz de cera na vela acesa e com ele rabiscando o papel. Com o ar, brincaram na sala de "barangandões", brinquedo confeccionado com papel crepom, folha de jornal e barbante que também foi motivo de interesse de algumas por muito tempo, de outras já nem tanto. Alguns pequenos fizeram questão de guardar o brinquedo para levar para casa.

A seguir, procuraremos analisar alguns aspectos do trabalho em pequenos grupos que realizamos durante nossa coordenação. Para tanto, "chamaremos" alguns "parceiros" mais experientes para nos ajudar nessa análise.

Malaguzzi (1999), ao falar sobre a experiência de Reggio Emilia, chama-nos a atenção para a importância do trabalho em pequenos grupos. Segundo ele, "(...) esse arranjo permite boas observações e o desenvolvimento orgânico de pesquisas sobre a aprendizagem cooperativa, bem como sobre a permuta e a divulgação de ideias" (p. 99).

Durante todo o estágio pudemos entender o quanto trabalhar em pequenos grupos nos ajuda a perceber os movimentos e as interações entre as crianças, com mais qualidade. Já em relação às crianças, é notório o quanto elas são capazes de perceber o outro como parceiro de brincadeiras e descobertas. Por exemplo, analisamos as cenas protagonizadas por um pequeno grupo de crianças no episódio com argila:

> Kauã brincava sozinho, deitado em cima do plástico com a argila em frente, bem à vontade. Fellipe também brincava sozinho, sentado, "alisando" a argila com muita concentração. Até que ele resolveu tentar erguê-la, fez força (...) Kauã então se levantou, foi até o amigo e resolveu ajudá-lo. Os dois fizeram força juntos e conseguiram erguê-la, como um belo e glorioso troféu! (Registro dia 21/11/2006)

Ao registro escrito juntamos o registro fotográfico, ampliando a possibilidade de qualificar esses momentos.

Nesse episódio percebemos o quanto as crianças são capazes de olhar o outro, de percebê-lo em sua plenitude, cooperando, fazendo junto, enfim, ajudando-se.

Ao trabalharmos com vários elementos além da argila, buscávamos proporcionar momentos de encontros e trocas, de exploração de diversos materiais, enfim, de brincadeiras e descobertas, qualificando as interações entre os pequenos. Nossos registros (escrito e fotográfico) acima citados deixam claro que a situação com blocos de argila, transformada em material de exploração e brincadeira, foi tão significativa para os dois meninos em evidência, que o mundo poderia cair em cima da cabeça deles e eles nem perceberiam, tamanhas eram sua concentração e sua entrega.

Se essa experiência com argila fosse realizada com um grupo grande de crianças, será que teríamos percebido a riqueza dessas interações? Pensamos que não. Se esse trabalho tivesse sido realizado com todo o grupo de alunos, talvez esse episódio tivesse passado despercebido ou talvez nem tivesse acontecido. Foi fundamental que lá estivessem apenas quatro crianças. Na organização do processo educativo com projetos de trabalho, Rinaldi (1999, p. 118) defende a ideia de um número máximo de crianças:

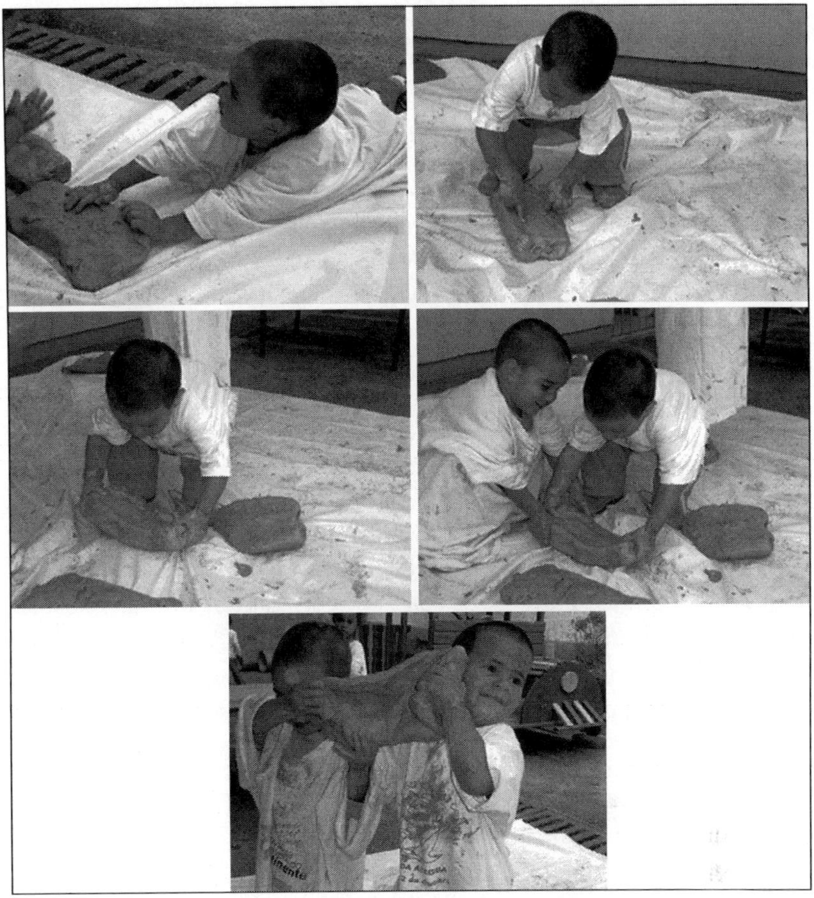

> (...) a fim de maximizarmos o processo de aprendizagem cognitiva, o tamanho do grupo deve ser limitado a cinco. Além desse número a dinâmica do grupo torna-se demasiadamente complexa e o número total de crianças que interagem é muito grande para permitir que cada uma avalie e transforme seu conhecimento e sua identidade através de um conhecimento em mudança constante sobre a identidade de outros.

Outro aspecto a ser levado em consideração com relação a essa experiência foi o tamanho do bloco de argila que oferecemos às crianças. De maneira geral, percebemos que nem sempre essa é uma prática adotada pelas instituições de educação infantil. Geralmente se oferecem massinhas de modelar ou mesmo argila em pedaços pequenos, partindo-se da premissa de que "para crianças pequenas, coisas pequenas", limitando assim suas possibilidades de exploração do material. Também há a preocupação com a sujeira, fato que tantas vezes impede novas experiências.

Para nós, trabalhar com blocos grandes de argila foi uma experiência nova. Exigiu muita disposição e força de vontade, tanto para providenciar os materiais como para organizá-los, pois tivemos que disponibilizar camisetas para as crianças, um pedaço grande de lona para a atividade poder realizar-se no espaço externo da creche, vasilhas, água... Foi necessário também que ampliássemos nossos olhares para além do fato de os pequenos estarem se sujando, buscando ver aquilo que eles estavam realizando e suas interações com seus pares e com o próprio material.

Nosso olhar estava mais voltado para o processo do que para o resultado. É o que Malaguzzi (1999) ressalta ao falar sobre a postura dos professores diante do processo de aprendizagens das crianças, defendendo que eles "(...) devem evitar a tentação de esperar que as crianças lhes dêem de volta o que já sabem, mas, em vez disso, devem reter o mesmo senso de maravilha vivido pelas crianças em suas descobertas" (p. 98).

Essa maneira de conceber o trabalho pedagógico dentro de uma instituição de educação infantil nos permitiu, durante todo o processo de convivência com o grupo de crianças, estar mais atentas aos seus movimentos, percebendo suas falas, seus gestos, suas interações, seus desejos, seus olhares, suas conclusões.

> Quando colocamos água na garrafa e sacudimos, Tereza disse mais que depressa: "É suco e é quente!" (referindo-se à água que estava na garrafa). Quando Léo viu a transformação da água, que passou de transparente para verde, disse: "É refrigerante, na minha casa tem refrigerante!". Já Mateus, ao observar a transformação da água com o papel crepom amarelo, disse: "É macarrão!" (Registro dia 16/11/2006)

Mais uma vez fica evidente a importância de olharmos menos para o resultado e mais para o processo e assim vermos cada vez mais a criança como sujeito pensante, capaz de revelar aquilo que sabe sobre o mundo à sua volta. Nessa perspectiva, rompe-se com a ideia da atividade como necessidade de ocupar os pequenos, passando-se a encará-la como uma grande e bela brincadeira, que marca e que faz com que as crianças construam hipóteses. Se tivéssemos apenas oferecido papel crepom para os pequenos fazerem bolinhas e colarem em uma folha mimeografada (atividade tão conhecida entre nós!), talvez o processo não tivesse sido tão rico, pois nossa preocupação, nesse caso, teria sido simplesmente a de buscar um produto "belo" e homogêneo.

Diante de tudo isso, pudemos compreender que o professor tem um papel fundamental na formação da criança, servindo como guia nesse processo – um parceiro mais experiente. Muito mais que falar, seu papel é ouvir e observar as estratégias que os pequenos utilizam, qualificando, dessa forma, as experiências vividas por eles. Nesse sentido, cabe ao educador entender a criança não como um ser passivo, alienado, mas como protagonista, capaz de pensar, criar e recriar novas possibilidades em suas experiências.

> O papel do professor centraliza-se na provocação de oportunidades de descobertas, através de uma espécie de facilitação alerta e inspirada e de estimulação do diálogo, de ação conjunta e da co-construção do conhecimento pela criança. Uma vez que a descoberta intelectual é supostamente um processo essencialmente social, o professor auxilia mesmo quando as crianças menores aprendem a ouvir outros, a levar em consideração seus objetivos e idéias e a se comunicar com sucesso. (Edwards 1999, p. 161)

No contexto da educação infantil, o educador é aquele que caminha junto com as crianças, observando/registrando, discutindo e refletindo sobre suas ações e sobre seus modos de expressão. Assim, ele rompe com a educação centralizada somente no adulto e passa a ter a criança como foco, adotando, então, uma postura não só de observador, mas também de investigador das várias maneiras de ser e viver a infância.

O trabalho em pequenos grupos permite às crianças e aos educadores experiências mais aprofundadas e, portanto, mais significativas, auxiliando os processos de observação e registro/documentação. A documentação permite ao educador ler as necessidades e perceber os movimentos de cada criança e de todo o grupo, devendo, por isso, tornar-se uma prática diária, como instrumento de reflexão do cotidiano.

Nesse sentido, as ações de observar e registrar são muito importantes para o processo de reflexão/avaliação daquilo que o grupo está experienciando/vivenciando em seu dia a dia, contribuindo, dessa forma, para um planejamento mais articulado às descobertas das crianças.

Sabemos que o planejamento envolve muito mais que a "hora da atividade". Como bem nos lembra Ostetto (2000), planejamento é atitude e acima de tudo está relacionado com o compromisso que cada educador tem com sua profissão, com o respeito que ele tem para com o grupo de crianças e com os valores nos quais ele acredita; parte do ato de observar as experiências vividas pelas crianças, de ouvi-las, enfim, de dar voz aos seus pensamentos e às suas criações. Registro, planejamento e avaliação estão intimamente ligados, mas precisamos compreender também que avaliar é muito mais que emitir juízo, comparar ou mesmo rotular; é significar e só tem sentido quando auxilia o educador a ajudar as crianças e a rever sua própria prática.

> Avaliação, assim, é investigação e observação da história e das conquistas de cada criança e do grupo. É ela que nos ajuda a ampliar o olhar sobre o universo dos meninos e meninas, suas idéias, estratégias de ação, reações, interações. Só observando poderemos revelar aquela criança positiva, capaz, de que estamos sempre falando. (Secretaria Municipal de Educação de Blumenau 2002, p. 43)

Queremos dizer com isso que o registro, o planejamento e a avaliação são instrumentos indispensáveis ao educador. Ao registrar o cotidiano, o professor tem em suas mãos um importante instrumento tanto para sua avaliação como para seu planejamento, considerando assim todo o processo vivido pelo grupo. É fácil registrar? Nem tanto. Para nós, algumas vezes foi difícil, em virtude do cansaço e da correria do dia a dia, embora saibamos que o registro foi também um importante instrumento para percebermos, cada vez mais, quem eram as crianças e seus movimentos. Além disso, ele contribuiu para analisarmos com riqueza de detalhes algumas das experiências que vivemos, especialmente com relação ao trabalho em pequenos grupos.

Ao assumir uma proposta de trabalho como essa, contemplando pequenos grupos, o professor precisa colocar-se no papel de "(...) um observador atento e, além disso, um pesquisador". Sendo assim, "(...) o desafio para o adulto é estar presente sem ser um intruso, a fim de manter melhor a dinâmica cognitiva e social enquanto está em progresso" (Rinaldi 1999, p. 117).

Cabe colocar que essa foi uma dificuldade encontrada por nós durante nossa coordenação. Em determinados momentos, não sabíamos como deveríamos intervir/mediar, até que ponto poderíamos ir sem transformar a experiência em "hora da atividade" e também não sabíamos como (e se) deveríamos "controlar" o tempo de permanência dos pequenos em cada experiência.

Geralmente, entende-se a "hora da atividade" como o momento unicamente pedagógico e justamente aquele que deve ser planejado. Contrapondo-se a essa visão, percebe-se como caráter pedagógico tudo o que envolve o cotidiano na educação infantil e não apenas as atividades coordenadas e dirigidas pelo educador ("atividades pedagógicas"), pois, como afirma Machado (*apud* Ostetto 2000, p. 192), "não é a atividade em si que ensina, mas a possibilidade de interagir, de trocar experiências e partilhar significados é que possibilita às crianças o acesso a novos conhecimentos".

Dessa maneira, o pedagógico também compreende todas as ações que estão ligadas à questão do cuidado (limpar, lavar, trocar, alimentar, dormir etc.) e à forma como essas ações são realizadas. Sendo assim, pode-se dizer que o pedagógico está relacionado tanto ao cuidado como à educação.

A "hora da atividade" como momento unicamente pedagógico nos remete à ideia de um "controle maior" do adulto sobre as ações das crianças e faz com que desejemos controlá-las cada vez mais, limitando suas formas de agir, de se expressar e até mesmo de criar.

Durante nossa coordenação, embora buscássemos romper com essa postura dominadora, nem sempre conseguíamos, acabando muitas vezes por controlá-las, estabelecendo começo e fim da experiência, retirando-as (às vezes, quase que à força) da proposta em que estavam envolvidas. Diante disso, sentíamo-nos angustiadas e, algumas vezes, amedrontadas, sem saber conduzir coisas pequenas, que acabavam por se tornar "monstros enormes e de sete cabeças":

> As crianças brincaram com as tintas, mas acabei controlando-as demais. Um pouco por medo de sujar a parede, o que acabou acontecendo, e também porque na minha concepção já estava virando bagunça, especialmente em relação ao primeiro grupo. Maria Fernanda derramava tinta por tudo com o pincel e também virava a vasilha de tinta. Acabei tendo que levá-los para lavar as mãos quase que forçados.
> Com o segundo grupo... Kauã, Nicole e Matheus também brincaram bastante com a tinta. Kauã encontrou uma tampinha de garrafa na tinta e começou a utilizá-la para pintar; Nicole e Matheus pintaram com as mãos. No entanto, quando não havia mais espaço no papel para eles continuarem a pintar, resolvi tirá-los também quase que forçando. Senti-me mal na forma como intervim, controlando os pequenos o tempo inteiro. Ficava em dúvida, sem saber até que ponto deveria ir, de que forma deveria agir, como deveria mediar...
> Outro fato que mexeu bastante comigo foi o tempo. Penso que ele foi curto demais para os dois grupos; também o papel foi pequeno; e talvez se eu tivesse disponibilizado as tintas e a água em momentos diferentes, teria sido melhor. (Registro dia 13/11/2006)

Ao refletirmos sobre essas nossas atitudes, percebemos que, tratando-se de experiências tão novas, principalmente para nós, precisamos realizá-las muito mais vezes, para que assim possamos aprender, cada vez mais, tanto com os erros quanto com os acertos.

Há muito que pensar em relação aos limites que o professor encontra em sua própria prática. Vivendo o cotidiano, ele se depara com situações em que precisa fazer escolhas, tomar decisões, enfim, se arriscar. Tais atitudes são muito importantes no seu processo de se fazer educador.

Ainda sobre o trabalho em pequenos grupos, queremos ressaltar a relação que existe entre espaço e essa forma de trabalhar. Percebemos que não só é preciso que os espaços estejam organizados, a fim de que as crianças tenham mais de uma possibilidade para interações diversificadas, como também é necessário que haja toda uma equipe de profissionais à disposição para desenvolver essas experiências.

De tudo isso ficam-nos as sábias palavras de Loris Malaguzzi, quando diz que "(...) o que sabemos realmente é que estar com crianças é trabalhar menos com certezas e mais com incertezas e inovações" (1999, p. 101).

Linguagens, brincadeiras, traquinagens...

Pensar em múltiplas linguagens significa pensar nas diferentes maneiras de ser criança e nas suas formas de se expressar. Pois, como diria Rosa Batista (1998, p. 85), as crianças se manifestam nas

> (...) experiências, descobertas, exploração dos sentidos, dos significados, das cores, da água, do ar, da terra, do fogo; dos desejos de tocar, mexer, desmanchar o que já estava feito; de fazer e refazer muitas e muitas vezes uma mesma coisa; de significar e ressignificar o mundo à sua moda; de correr, pular, contar e recontar o mesmo conto; de ler, escrever, cantar, dançar e pintar ao mesmo tempo; de chorar e rir num curto espaço de tempo; de viver diferentes papéis: de mãe, pai, filho, avô, avó, médico; de criar e recriar o mundo de fantasia e imaginação; de pintar a realidade, desenhar o mundo, desejar, brincar de faz-de-conta, transformar uma caixa de papelão num tesouro, uma árvore numa floresta, um pneu num carro, um cabo de vassoura num cavalo, uma mesa numa casinha; de conversar sozinhas sem se importar com o mundo à volta delas, de viver no faz-de-conta a vida dos adultos.

Em relação às crianças do Maternal I, muitas foram as formas de elas se expressarem, especialmente por meio das brincadeiras e das traquinagens:

> Após o momento da roda da chamada houve certo tumulto motivado por algumas brigas entre as crianças. Por alguns instantes houve um certo silêncio na casinha da bruxa. Quando fui ver o que estava acontecendo, encontrei quase todas as gravuras rasgadas. Alguém logo falou que tinha sido o Matheus. Depois, encontrei Gabriel sentado num cantinho da sala observando extasiado as gravuras da aranha e da abóbora que havia arrancado de dentro da casinha. Pedi-lhe, então, que me entregasse as gravuras. Ele então me falou: "É a maçã da Busa!". (Registro dia 16/11/2006)

No registro acima, percebemos claramente as "mil e uma" formas de as crianças explorarem o espaço de sala e tudo o que está posto nele. Diferentemente do adulto, que busca sempre o belo, o perfeito, o extremamente arrumado, os pequenos estão sempre procurando "furungar", mexer, remexer, enfim, desarrumar o que estava tão belamente organizado, como no caso da casinha da bruxa.

Cabe a nós, educadores, reconhecer a importância que existe na forma de expressão dos pequenos, valorizando cada gesto, cada sorriso, cada choro, bem como sabendo ouvir suas falas, suas perguntas, suas descobertas...

> Se a criança é portadora de teoria, interpretações, perguntas, e é co-protagonista do processo de construção do conhecimento, o verbo mais importante que guia a ação educativa não é mais falar, explicar, transmitir, mas escutar. A escuta é disponibilidade ao outro e a tudo quanto ele tem a dizer; é escuta das cem e mais linguagens, com todos os sentidos... (Rinaldi, *apud* Ostetto 2000, p. 194)

Uma outra maneira de percebermos as diferentes formas de as crianças se expressarem, bem como as possibilidades de criação por parte delas, encontra-se no exemplo dado a seguir:

> As brincadeiras no parque foram muito ricas. Os pequenos brincaram concentradíssimos com embalagens de produtos industrializados, alguns faziam compras com diversas sacolas, outros faziam bolinhos de areia. Fellipe improvisou uma bola com uma garrafa e jogava futebol, cada vez que acertava em uma determinada parede do muro, falava empolgado: "Gol!". (Registro dia 23/10/2006)

Por meio desses episódios pudemos conhecer ainda mais as crianças do Maternal I, que se mostravam diante de nós, nos diziam quem eram, revelavam seus sonhos, desejos, suas brincadeiras, "sapequices", enfim, suas formas de ver o mundo.

Brincando, a criança aprende a ser humana, solidária, aprende a viver, a sonhar, a imaginar, a ter autonomia e a construir conhecimento sobre o mundo à sua volta. Para Gilles Brougère (1997), "(...) a brincadeira é um processo de relações interindividuais, portanto de cultura" (p. 97). Sendo assim, por estar inserida em um contexto social e cultural desde seu nascimento, a criança, ao se relacionar com outros parceiros, vai aprendendo e se desenvolvendo. Brougère afirma, ainda, que a brincadeira não é inata na criança e que esta aprende a brincar convivendo com as pessoas que cuidam dela desde bem pequena.

Especificamente na brincadeira de faz de conta, a criança é levada a agir num universo imaginário; no entanto, ela busca elementos em sua realidade vivida, como bem nos mostra Oliveira (1993, p. 67) em seu livro que trata sobre a teoria desenvolvida por Vygotsky: "Ao brincar de ônibus, por exemplo, exerce o papel de motorista. Para isso tem que tomar como modelo os motoristas reais que conhece...".

O faz de conta é outra forma bem particular de reconhecer a criança e seus interesses. Em tal situação, ela é levada a agir num mundo imaginário onde o mais importante é definido pelo significado estabelecido pela brincadeira e não pelos elementos reais; por exemplo, quando uma criança brinca de cavalinho com um cabo de vassoura, o que é significativo e que define a brincadeira não é o cabo de vassoura em si, mas o fato de que naquele momento ele é um cavalo e a criança é um cavaleiro (Oliveira 1993). Nessas situações, os pequenos dão significados a movimentos, objetos, sons, pessoas e a si mesmos, por meio do desempenho de diferentes papéis, e também expressam o que compreendem sobre o mundo à sua volta:

> Na brincadeira de faz-de-conta, a criança pequena expressa o que está "entendendo" da vida humana. Para o adulto, é como se ela estivesse dizendo: "É isto o que eu sei; é assim que entendo isto;

> é desta forma que estou vendo isto". O "isto" pode ser um número amplo de situações do cotidiano, da vida de cultura, da vida de família. Nesta atividade, as crianças se exercitam na compreensão dos papéis sociais e na estruturação das interações entre os membros da comunidade e dos contextos onde a criança vive. (Lima 2002, p. 20)

No grupo do Maternal I, o faz de conta tinha presença garantida. Todas as crianças do grupo adoravam, como já dissemos anteriormente, ouvir e contar histórias: de meninos e meninas, de velhas sonolentas, de bruxas, de lobos...

Ao observarmos as interações e as brincadeiras de cada um dos pequenos, conseguíamos perceber o quanto elas estavam recheadas de faz de conta. Vários foram os momentos que nos deram uma ideia de por onde o grupo estava caminhando, quais eram suas brincadeiras favoritas, suas vontades, seus medos, seus desafios. Brincavam de boi de mamão, com caixas de plástico ou de papelão, dizendo ser o boi ou o cavalinho. Também muitos foram os momentos em que observamos brincadeiras que envolviam personagens como bruxa e lobo-mau, e nelas os pequenos deixavam de lado seus medos e enfrentavam essas criaturas com muita coragem.

Diante de tudo isso, fica evidente que a criança, ao longo de seu desenvolvimento, aprende a brincar e que essa aprendizagem está pautada em seu contexto social e cultural, em sua realidade cotidiana, na convivência com outras crianças e com adultos. Dessa maneira, torna-se clara a importância de percebermos o valor das brincadeiras e promovermos experiências que favoreçam o envolvimento das crianças em situações de entretenimento, nas instituições de educação infantil.

Arte, criança e criação

O olhar do professor, diante das interações, das experiências e das brincadeiras dos pequenos, deve ser um olhar sensível, que busca constantemente e que qualifica o vivido e o experienciado, que dá importância ao fazer da criança; é esse olhar que torna o professor não somente um observador, mas um investigador, um pesquisador.

> O adulto que não percebe o caminho do conhecimento sendo construído pelas crianças – na dinâmica de um ir-e-vir constante, na euforia de suas descobertas, na experimentação, reveladas com o corpo inteiro, intenso, todos os sentidos – facilmente qualificará de bagunça, ou de "simples brincar", os processos poeticamente vividos, fora de sua intervenção programática. Não poderá identificar neles o germe da criação, um ponto de partida/convite para ajudar as crianças a seguirem adiante; alimentando seu imaginário, ajudando-as a darem forma/expressão aos seus sonhos e devaneios; fazendo mover o fantástico mundo de faz-de-conta que envolve cada criança. (Ostetto 2006a, p. 10)

Também é importante que o professor contribua para a formação do olhar sensível das crianças, como enfatiza Dias (1999, p. 177), segundo a qual

> (...) contribuir para a formação da sensibilidade significa incentivar e criar oportunidades para que elas se expressem com vivacidade e possam desenvolver, ampliar e enriquecer suas experiências sensíveis, aumentando as redes de entendimento e de significação do mundo.

O trabalho em pequenos grupos possibilitou-nos ampliar e enriquecer as experiências vividas pelas crianças e assim ficarmos mais atentas aos movimentos de cada uma delas, percebendo seus gostos e, acima de tudo, escutando suas hipóteses, seus desejos, seus questionamentos, como bem evidenciamos nos registros anteriores.

Ao concebermos essa proposta de trabalho (em pequenos grupos), a fim de qualificar as experiências, buscamos trabalhar com os quatro elementos (terra, fogo, ar e água), e com diferentes tipos de materiais, como: blocos grandes de argila, velas, giz de cera grande, barangandões, vasilhas de diferentes tamanhos, água e sabão, pincéis de pintar paredes e garrafas *pet*. Dessa maneira, ampliamos as possibilidades de os pequenos se expressarem. Não queríamos domesticar ou mesmo escolarizar as múltiplas linguagens que pulsam intensamente neles, nem transformá-las em "hora da atividade". Nesse sentido, aprendemos com Holm (2004, p. 84) que

> (...) as crianças deveriam aprender a pesquisar, a ter confiança em si mesmas e a ter coragem de se pôr a trabalhar em coisas novas. As crianças não deveriam ser preparadas para um tipo determinado de vida; deveriam, sim, receber ilimitadas oportunidades de crescimento. Aprendendo que uma tarefa pode ter várias soluções, adquirimos força e coragem.

A experiência do trabalho em pequenos grupos nos mostrou o quanto as crianças são capazes de se expressar, criando e recriando, construindo e desconstruindo, mexendo e remexendo. Mas será que a criança faz arte?

Albano Moreira (1984, p. 38) afirma que, embora o artista e a criança estejam próximos em seu processo de criação, quanto à qualidade do momento em que ela acontece e algumas vezes quanto ao produto, estão igualmente distantes, pois como fenômeno expressivo a criação tem implicações diferentes para a criança e para o adulto:

> Nas crianças, o criar – que está em todo seu viver e agir – é uma tomada de contato com o mundo, em que a criança muda principalmente a si mesma. Ainda que afete o ambiente, ela não o faz intencionalmente, pois tudo que a criança faz o faz em função da necessidade do seu próprio crescimento, da busca de se realizar.

Para a criança, a arte interessa como processo vivido, sentido e experienciado. Para ela, "tudo não passa de uma grande brincadeira", em que a imaginação dança, faz e refaz, cria e recria mil e uma possibilidades de viver e de descobrir tudo o que o mundo tem a oferecer. "A inteireza, a certeza, a densidade do momento de criação estão presentes no adulto que cria e na criança que brinca" (*idem*, p. 37).

É em um espaço rico em liberdade que os pequenos criam, pois para criar muitas vezes é preciso se sujar, se molhar, enfim, se melecar.

> As crianças muitas vezes são obrigadas a criar em salas arrumadas demais. A arrumação estraga a curiosidade, a espontaneidade e o desejo de experimentar – habilidades que as crianças trazem do berço. Falar de arte às crianças está na moda e a idéia de oferecer oficinas de arte para crianças é muito boa. Mas o problema é que não se pode criar em salas muito padronizadas. Você nunca chega ao artístico, porque isso só acontece quando se está num terreno deliciosamente instável. Mesmo assim, temos que sair em busca. Muitos adultos não têm certeza disso e, por isso, impõem limites rígidos às crianças. Afinal, o que não diriam as outras pessoas se você afrouxasse? Quando eu dou liberdade, chegamos ao ápice daquilo com que temos condições de lidar, até onde é estimulante para nós, que estamos presentes. (Holm 2004, p. 90)

Não se pode pensar em processo de criação, em interações, brincadeiras, expressões, interpretações e faz de conta, sem refletir sobre a íntima relação que existe entre organização dos espaços, exploração e ampliação das múltiplas linguagens. Por exemplo, no trabalho com a argila, comentado anteriormente, se a proposta fosse realizada no espaço da sala, nas mesas, com as crianças sentadas, o resultado seria outro. Estaríamos limitando a própria experimentação das crianças e seu processo de conhecimento e criação, pois ao propor o trabalho em mesas, nesse caso, ficaria explícito certo controle de suas ações. Como realizamos a proposta fora da sala, num espaço amplo, no chão (no plástico como base), as crianças ficaram mais livres, podendo caminhar pra lá e pra cá, inventando histórias.

Espaços são laços que traçam histórias de possibilidades, como diz o poema que escrevemos em nosso relatório (Rosa e Lopes 2007, p. 12):

> Laços, Traços... ESPAÇOS
> (Cristina Dias Rosa)
>
> *Espaço... Espaços nossos de cada dia.*
> *Espaços de laços, encontros, abraços.*
> *Espaços de "caras e bocas", traços, jeitos.*
> *"Caras e bocas" de uns.*

Traços de outros.
Jeitos de todos.
Marcas, que ficam que vão e que vêm.
Espaços de construções e desconstruções.
Espaços que marcam e desmarcam.
Espaço... Que vai além de meros espaços!
Ah! Espaço nosso de cada dia.
Quantas coisas a ampliar?
Quantas outras coisas a possibilitar?
Quantas outras coisas a criar?
Então, vamos lá!
A questão é começar, apenas começar.

O espaço – e a forma como nós, educadores, o concebemos e o organizamos – também está diretamente ligado à questão dos pequenos grupos. Não há como trabalhar em pequenos grupos sem refletir sobre como está ou como poderia estar o espaço. Para permitir que as crianças se revelem e revelem seus sonhos, seus pensamentos, suas escolhas, suas buscas é fundamental um espaço rico em possibilidades.

Por fim, percebemos claramente que falar em pequenos grupos, em espaço e em linguagens é como dizer uma coisa só, tamanha a ligação que existe entre esses três pontos. Não há como negar que tanto a experiência do trabalho em pequenos grupos como o planejamento/organização do espaço estão recheados de múltiplas linguagens que nos fazem ter cada vez mais certeza de que o papel do educador é de

> (...) mediador entre o conhecido e o desconhecido. Não mais um centralizador, mas aquele que, coordenando situações e atividades, ouve as múltiplas linguagens que expressam pensamentos, sentimentos, conhecimentos. Alguém que brinca junto, sugere brincadeiras, dá significado às ações e experimentações das crianças. E observar, ouvir, perceber as expressões e linguagens que as crianças revelam não é tarefa fácil, não! (S. Thiago 2000, p. 60)

4
SOBRE AFETIVIDADE E CONSTRUÇÃO DE VÍNCULOS NA EDUCAÇÃO INFANTIL

Experiência de estágio com crianças de três e quatro anos

Juliana Quint dos Santos Zanini
Rachel Winz Leite

Vida de grupo dá muito trabalho e muito prazer. Porque eu não construo nada sozinho; tropeço a cada instante com os limites do outro e os meus próprios, na construção da vida, do conhecimento, da nossa história.
Madalena Freire (1997, p. 26)

Era uma vez três porquinhos que queriam construir uma casa... e, assim, era uma vez um grupo de 15 crianças que, com algumas sacolas, uma porção de areia e muita imaginação, saiu a construir uma casa: "É para os porquinhos, senão o Lobo-Mau vai comer a comida deles", disse um dia Henrique, durante uma brincadeira no parque. Estávamos no período de observação, no Estágio Supervisionado em Educação Infantil II, durante o qual alguma coisa nos chamou a atenção: nos dias em que havia sacolas, entre os brinquedos no parque, os enredos giravam em torno da construção da casa. Manipulando a areia, surgiam brincadeiras com baldes e pazinhas, sacolas de plástico e papelão, sacos de pão, colheres e pratinhos de plástico; fomos observando que os diálogos entre as crianças eram sobre como fazer o cimento, que materiais seriam utilizados na construção, quais seriam as ordens de trabalho, quem seria o mestre e quem seria o ajudante, para onde deveriam levar o cimento e em que lugar construiriam a casa.

> No parque, vi algumas crianças pegando sacolas que estavam disponíveis num canto e fui observar o que seria feito com elas. Eram sacolas de plástico e de papel.
> Estavam nesse momento cinco meninos do nosso grupo, que iam e vinham, mas se mantinham na brincadeira e mais dois do grupo misto 2. Eles começaram a brincadeira dizendo que estavam indo ao supermercado e pegavam a areia e colocavam na sacola.
> Uns percebiam o peso da sacola dizendo que a sua era a mais pesada e me mostravam que eram fortes e conseguiam carregar a sacola. Gabriel, ao jogar a areia para cima, percebeu que fazia fumaça. Essa era a representação que ele conseguia fazer da areia voando. A brincadeira continuou...
> Quando o primo do Gustavo começou a se inserir na brincadeira, surgiu um novo repertório: a construção de uma casa.
> – O que vocês estão fazendo? (Rachel)
> – É cimento. (Gustavo)
> – Vamos pegar outra sacola! (Gabriel)
> – Não é para virar! (Gustavo)
> – Onde vocês vão colocar o cimento? (Rachel)
> – Quer brincar com nós? (César)
> – É para montar aquela casa – apontando para a casa de madeira que existe no parque (primo do Gustavo, que dava as coordenadas)
> – Não pode derramar! (Henrique)
> – Que pesada! (André)
> – Vamos trabalhar! (primo do Gustavo)
> – Vamos comprar mais cimento. (Gustavo)
> – A gente tá fazendo a nossa casa. (Gustavo)
> Nesse momento eles estavam levando a areia para dentro da casa de madeira e o primo do Gustavo ia juntando tudo, fazendo um buraco na areia. Ele dizia que estava fazendo cimento.
> – Vamos trabalhar! (primo do Gustavo)

– Eu já vou ali virar o cimento, tá?! (César)
– É. Nós que mandamos! (primo do Gustavo conversando com o seu amigo, também do misto 2, que participava da brincadeira).
Eles começaram a colocar o cimento na beirada da janela da casa.
(Registro dia 25/9/2006)

Presenciar e observar essas interações provocou, cada vez mais, nosso desejo de descobrir, junto com as crianças, o universo que envolve a construção das casas. Ali estava revelado um campo de interesse daquelas crianças. As interações, os gestos, as falas, as ações, enfim, indicavam buscas e um intenso trabalho de significação por parte dos pequenos. Como os momentos descritos, outros aconteceram ao redor da brincadeira de construção da casa. Assim, tendo por referências os enredos observados, elaboramos um projeto de trabalho que serviu como base para as experiências vividas durante o período de coordenação da turma do Maternal 2. Compartilhamos muitas propostas e hoje compreendemos que, para além do tema e das atividades de um projeto, a vida do grupo, a construção das relações e a afetividade são essenciais. É desse processo que vamos falar.

O grupo, a roda e o exercício da circularidade nas relações

A roda, feito espiral em movimento circular ascendente, une todos, e o seu movimento a cada volta modifica o desenho do cotidiano, da prática pedagógica, integrando papéis e histórias, incorporando as diferenças.

Luciana E. Ostetto (2006b, p. 158)

É comum, na educação infantil, o momento da "roda". Desde que tomamos contato com a turma, no início do estágio, já estava estabelecido no grupo um momento marcado por conversas, no qual era possível contar a todos as suas novidades, falar como se estava sentindo e organizar a rotina de atividades diárias. Chamamos a esse momento de "Cerimônia da Roda". Essa cerimônia, a cada dia, se tornava um grande mistério para nós. Os conflitos entre as crianças, os confrontos, as desatenções à fala do outro, a vontade de sair da roda (beber água, ir ao banheiro, pegar algo na mochila, passear pela sala...) eram uma constante. Ficávamos apreensivas, desanimadas e não estávamos sentindo prazer nesse momento tão importante do grupo. Por que reagiam daquela maneira?

Em nossas observações iniciais, sentimos que a causa poderia estar no espaço onde era realizada a roda, muito apertado e próximo das mochilas. Fizemos, então, algumas tentativas de modificação.

> No segundo dia, tentamos mudar o tapete de lugar, e conseguimos. Colocamos o tapete conforme estava durante as nossas observações na creche. Ficou mais espaçoso, porém continuou difícil para nós o momento da roda. Percebemos que as crianças se sentiram melhor, pois não brigaram tanto. Isso também contribuiu para a nossa inserção na roda. Outro fator positivo foi a distância das mochilas, nas quais eles ficavam pegando brinquedos, materiais, roupas etc... (Registro dia 17/10/2006)

Em nossa primeira mudança de local, percebemos um avanço que nos sinalizou o caminho que deveríamos percorrer para tornar a roda um espaço de acolhida, de encontro e de integração do grupo. Ela ficou mais espaçosa, as crianças se sentiram melhor, não houve tantos conflitos e conseguimos nos inserir nela.

Porém, as dificuldades permaneciam. As brigas continuavam, principalmente porque não conseguíamos organizar o grupo de forma que todos se enxergassem, ou seja, em círculo. Para Warschauer (1993, p. 50), "(...) a roda é o momento privilegiado da rotina em que a troca entre os participantes do grupo ocorre. Sentar-se de forma que todos se vejam, em círculo, já é um convite a querer falar e ouvir. O respeito pela individualidade é a base de construção do grupo".

O círculo, a roda, a circunferência trazem incorporada em sua simbologia a ideia de integração, de totalidade, de troca. Não há um início nem um fim. Não há pontas. Não há desigualdade de posicionamentos. Todos os seus pontos estão lado a lado, de forma simétrica.

Por meio dessa simbologia circular, a roda permite a incorporação de atitudes constitutivas do grupo. É a possibilidade de "todos estarem juntos", em equilíbrio. Não há luta pelo poder, não há desigualdades; todos estão incluídos e têm as mesmas possibilidades de crescimento. Mas a roda, para reunir todos esses elementos, necessita ser fluida. Não pode nunca ser rígida. Ela tem que permitir aos indivíduos a possibilidade de crescimento, de trocas, o ouvir e o falar, o respeito e a conquista da identidade. Precisávamos de algo que oferecesse essa referência circular para as crianças.

Pensamos em trazer um presente: uma grande almofada para formar um círculo no chão. Fantasiamos com as crianças: convidamos um personagem, o "Seu Camaleão",[1] que enviou uma carta para a turma pedindo ajuda na construção desse presente para a Cerimônia da Roda.

> Oi, turma do Maternal 2!!!!
> A Rachel e a Juliana me contaram que vocês gostaram muito das flores e dos biscoitos que mandei para vocês. Fiquei muito feliz e senti vontade de mandar um outro presente. Vocês querem saber o que é?! É surpresa!!!! Mas para eu fazer o presente, preciso saber as cores que cada um de vocês mais gosta. Por isso, estou mandando, junto com esta carta, um lindo embrulho. Neste embrulho vocês vão encontrar um pano branco para pintar das cores que quiserem. Envio também um pacotinho com algumas medalhas coloridas, pois para pintar os panos vocês terão que se dividir em grupos. Quem tiver a mesma cor de medalhas, fará parte do mesmo grupo.
> Quando estiver bem pintadinho, mandem de volta para mim e, assim, saberei as cores que cada um mais gosta. Estou esperando ansioso para poder terminar o presente!!!!!!
> Mil beijinhos coloridos do Seu Camaleão!!!!!

Entre panos e tintas, houve muita diversão. Esticamos uma grande lona no chão da sala e dividimos as tintas em vários potinhos, distribuindo-as igualmente para cada grupo; cada criança, com seu pincel, pintou o

1. Personagem que apareceu para a turma por meio da história *Bom dia todas as cores*, de Ruth Rocha, em uma de nossas atividades, no período de estágio denominado observação participativa.

pano com as cores de que mais gostava. Cada uma de nós ficou responsável por orientar um grupo, ajudando na mistura das tintas, na utilização do pano, lembrando às crianças que toda a extensão do pano poderia ser explorada, e na limpeza do pincel. Além dos panos, algumas crianças exploraram o material pintando as mãos e os pés. Cada criança que terminava sua pintura colocava seu pano para secar no varal da creche.

Com os panos secos, costuramos um no outro para confeccionar o que chamamos de "minhocão". As crianças estavam ansiosas esperando... E, finalmente, o nosso presente chegou. Junto com uma carta colorida do Seu Camaleão.

> (...) Adriana entrou e trouxe a carta para o grupo. César pegou a carta e foi contente mostrando para os amigos. Todos se levantaram e queriam ver a carta. Abrimos e mostramos para a turma. Quando eles viram o símbolo do camaleão, foram se agitando... Lemos para eles a carta e eles foram correndo para a sala descobrir o presente do Camaleão. (Registro dia 31/10/2006)

Para o grupo foi uma grande surpresa, e eles logo descobriram uma das funções do minhocão: ordenar a roda. Organizamos o espaço com eles e, com todos sentados, conversamos, contamos uma história e cantamos. As crianças permaneceram envolvidas nessa roda.

> Roda e círculo evocam equilíbrio, totalidade, diferenças, interdependência. Eu, tu, ele, o conhecimento em relação. Lado a lado, possibilitado pelo desenho que não tem ângulos. Na forma circular, a imagem de um coletivo composto de individualidades que não desaparecem no contorno do grupo. (Ostetto 2006b, p. 155)

Nesse mesmo dia, depois do jantar, e nos dias seguintes, o minhocão gerou muitas brincadeiras, como correr em cima dele, deitar, pular, se esconder dentro dele, virar um caracol etc., e muitas conversas acerca de como guardá-lo e de quem ajudaria a enrolá-lo. A presença do minhocão proporcionou também muitas interações por meio do novo espaço para conversas e brincadeiras. A novidade era grande e as crianças queriam interagir ao máximo com aquela novidade.

Com a ajuda da professora da turma, definimos um espaço mais amplo para a roda, delimitando-o com um biombo e o minhocão. A partir desse momento, começamos a nos sentir mais tranquilas, mas ainda tínhamos dificuldades em tornar a roda um momento convidativo de trocas e celebração.

Começamos a perceber que grande parte de nossas dificuldades em fazer a roda estava relacionada ao nosso vínculo afetivo com o grupo. A verdade é que ainda não éramos parte do grupo, pois os laços estavam sendo construídos. Como não nos sentíamos bem na roda, acabávamos cobrando das crianças algumas atitudes, como ficar em silêncio, não levantar, não incomodar o amigo, que vinham acompanhadas de um tom autoritário, o que nos deixava cada vez mais frustradas. Como estávamos nos sentindo inseguras, em vez de mostrarmos a importância do silêncio, do respeito à fala do outro, por meio de uma atitude de delicadeza e atenção à criança, acabávamos apenas chamando a atenção da turma, demonstrando nós mesmas desrespeito para com aquela criança, não oferecendo o espaço para serem colocadas essas questões no grupo.

Surgiu a discussão: onde está a roda? Percebíamos que nosso autoritarismo estava gerando um ambiente de mal-estar. Não estávamos vivendo a circularidade, ou seja, não estávamos agindo conforme o símbolo propõe, pois

> (...) mais do que fazer a roda e chamar para o encontro, por si só já uma ação carregada de simbolismo, entra em jogo o exercício de uma atitude e um pensamento circulares. Pensar circularmente significaria não pensar em linha reta, na afirmação da verdade, da única voz, do conhecimento único. Significaria abrir-se ao diálogo, ao acolhimento da dúvida e da diversidade, à construção de múltiplos enredos afirmados no encontro das singularidades de crianças e adultos, de alunos e professores. Não uma técnica, procedimento metodológico, mas um modo de agir, de ser, de acolher. (Ostetto 2006b, p. 158)

Assim, a roda, para acontecer – para ter a essência circular de integração, de equilíbrio e de igualdade de posicionamentos –, necessita de muito mais que um espaço físico adequado. Ela necessita de atitude. E essa atitude não pode ser a de controle das crianças ou da situação. Muito pelo contrário. Deve ser uma atitude de respeito e fortalecimento de vínculos, para que o encontro do grupo realmente se torne uma celebração.

A roda precisava permitir a abertura ao diálogo, principalmente da nossa parte. A experiência de ouvir o outro deveria partir, primeiro, de uma atitude nossa.

Nas rodas, o ouvir o outro ajuda educandos e educador a perceber que as experiências, as vivências, as opiniões e os modos de ser são diferentes para cada pessoa. O outro se torna um espelho composto por muitos outros espelhos a refletir as individualidades que estão em constante formação. A valorização e o respeito à opinião do outro vão sendo então construídos por meio das trocas que se estabelecem entre educandos e educador. Nas trocas de olhares, percepções, gestos, falas, curiosidades, medos, inseguranças, risadas... é que cada um vai significando sua identidade, percebendo-se integrante e integrador do grupo. São, também, esses momentos que possibilitam o reconhecimento da existência do eu e do outro.

Estávamos em busca, então, de um pensar e um fazer circulares. Mas como oferecer abertura ao diálogo e ao movimento na roda?

Foi no exercício de registrar e pensar sobre a prática no cotidiano da educação infantil que veio à tona essa questão. Assim, percebemos a importância dos registros na prática do educador, como "uma possibilidade de formação para o professor, pois permitem uma avaliação viva de sua trajetória com o grupo (...)" (Leite 2004, p. 26).

Após identificar essa questão e refletir sobre ela, começamos a buscar algumas possibilidades:

> Agora que o espaço já está mais organizado para que a roda aconteça, o que fazer na roda para que eles percebam que é o momento do grupo, o momento de escutar, de falar, de conhecer o outro? Eles têm que se sentir parte do grupo, sentir que fazem a diferença em estar ou não ali. Que todos são importantes. Que

> este momento é importante. Como fazer uma roda da novidade ser realmente uma novidade? Como fazê-los sentir prazer em estar ali? Será por estarmos com medo da roda? Será que a dificuldade é nossa, e não das crianças? Por que é tão difícil fazer uma roda acontecer? Poderíamos levar algo para a roda, algo como um objeto-surpresa dentro de um pacote. Algo que o camaleão deixou, mas não falou o que é. E dizer que assim como eles têm novidade, o camaleão, em todos os inícios de semana, vai trazer uma novidade para a turma. Quais as novidades? Algo para cheirar, algo para tocar, algo para provar, algo para ver. Algo para dividir, tornar a roda uma surpresa constante, uma grande novidade, um motivo de conversa, de trocas, de acordos... vamos tentar seguir este caminho. (Registro dia 15/11/2006)

E tentamos. Como sabíamos que os vínculos afetivos com as crianças ainda estavam sendo construídos, resolvemos trazer elementos-surpresa para, primeiramente, tornar a roda um momento de prazer (para eles e para nós), de convite, e ir, com o tempo, formando com o grupo esse espaço de celebração em estar com o outro.

Surpresas, comidas e imaginação!

Certo dia, trouxemos para o momento da roda uma surpresa: uma caixa grande com uma concha dentro. Para descobrir o que havia lá dentro, eles teriam que cheirar, tocar, ouvir. Foram muitas as tentativas de adivinhações: "o Guga logo se adiantou: é bala? (...) Uns diziam que tinha um siri, outros, uma água-viva, e o Guga achava que tinha um carro de polícia" (Registro dia 16/11/2006).

Foi uma experiência muito boa. Com a surpresa, a roda ficava mais convidativa. Em torno dela, cada participante se colocava em posição de ouvir a ideia do outro, tornando-se um momento de troca, encontro e celebração:

> (...) encontramos uma coisa muito legal! E trouxemos para eles verem. Mas iríamos dificultar um pouquinho as coisas. Eles teriam que descobrir o que havia lá dentro. Podiam cheirar, ouvir, mexer a

> caixa com cuidado e depois colocar a mão, mas a regra era a seguinte: Não pode falar o que é. Primeiro a caixa tem que passar por todos. (...) E assim, continuou a roda. Todos ficaram esperando chegar a sua vez. Só dois se levantaram da roda. Mas sentaram assim que pedimos. Eles estavam sentindo prazer em estar ali. Ficamos até emocionadas. Deu certo! (Registro dia 16/11/2006)

Desde então, a cada Cerimônia da Roda, uma nova surpresa aparecia:

> Organizamos a roda e sentamos com eles. Mostramos a caixa e contamos que aquela era a caixa da novidade. Quem a estiver segurando, irá primeiro contar a sua novidade para depois tentar adivinhar o que há dentro dela. Começamos por uma das pontas, onde estava o Artur. Ele começou contando as novidades e logo falou que tinha um siri dentro da caixa. Passamos adiante. O Gabriel falou que tinha um peixe, e assim por diante... uns imitavam a imaginação do outro: siri, peixe, siri, siri, siri... até que a professora da turma interveio e perguntou: será que não pode ter alguma coisa diferente de um siri dentro dessa caixa? O que mais pode ter aí dentro? Ana Júlia arriscou: uma sombrinha rosa (a novidade dela). Francielly disse que tinha biscoito e voltamos ao siri, peixe, siri... Pedimos ao Luís Felipe que abrisse a caixa e procurasse a surpresa... Ele, contente, achou o pacote de balas!! Perguntamos como poderíamos fazer para dividir as balas... eles disseram que cada um podia pegar uma. O Gabriel logo se adiantou: dá para o Artur. A professora perguntou: Por que o Artur, Gabriel? Porque ele começou com a caixa e vai passando. E assim, eles fizeram. Eu abri o pacote e entreguei para o Artur. Ele pegou uma e foi passando... Fizemos três rodadas de bala de goma. Foi divertido e todos esperaram a sua vez. (Registro dia 20/11/2006)

Não estávamos, literalmente, "inventando a roda". Nossas ações e reflexões eram inspiradas em histórias de outras educadoras (Freire 1986, 1993, 1997; Schiefler e Silva 2000). Daquelas experiências e das nossas tentativas, uma coisa ficou bem clara: para quem está começando num grupo, é fundamental cultivar o encontro e, muitas vezes, por esse ritual passam os elementos-surpresa e o compartilhar a comida, como nos lembra Madalena Freire (1997, p. 23): "A vida de um grupo tem vários sabores... No processo de construção de um grupo, o educador conta com vários instrumentos que favorecem a interação entre seus elementos e a construção do círculo com ele. A comida é um deles".

Em outro dia, recebemos a visita da Bruxa Salomé. A bruxa (nossa amiga estagiária do Maternal I) sentou-se na roda, conversou com as crianças e fez uma poção mágica para transformá-las... em sapos! Felizmente a poção não deu certo e, em vez de crianças transformadas em sapos, surgiram deliciosos pirulitos. Essa brincadeira proporcionou momentos de medo, ansiedade, curiosidade, fantasia, diversão e prazer para as crianças.

> Na roda, mostramos a foto da Casa da Bruxa para eles. Eles passaram de mão em mão. De repente a bruxa entrou na sala. Laryssa se agarrou na professora. Os olhinhos deles saltaram: uns desconfiados, outros assustados... (...) eles adoraram e ficaram até o final do dia comentando. Trazer a bruxa para a roda foi uma forma, assim como a caixa-surpresa, de gerar expectativa, alegria, surpresa e imaginação. (Registro dia 21/11/2006)

> Levamos a caixa-surpresa. Perguntamos quem lembrava da caixa e alguns se adiantaram em dizer: – Eu! Perguntamos o que poderíamos fazer para adivinhar o que tinha dentro da caixa e Gabriel arriscou: – Primeiro cheira, escuta, mexe e coloca a mão! A caixa começou a passar de mão em mão e as respostas eram sempre as mesmas: siri, siri, siri... A professora de educação física que estava sentada com a gente pegou a caixa e disse: – Mas como tem um siri? Não estou ouvindo nada! E a caixa continuou. Eles sentiam o plástico, mas não imaginavam que a surpresa era o próprio plástico. Quando chegou no final, convidamos Ana Júlia a abrir a caixa, eles só se deram conta da surpresa quando alguém falou: – Uma bolinha! E falamos: – Não, muitas bolinhas!!! E todos se divertiram brincando de estourar as bolhas do plástico-bolha. (Registro dia 27/11/2006)

Essas experimentações permitiram que o ritual da roda acontecesse num clima de afetividade, de escuta e de descobertas. Ao final do período de coordenação, nós já nos sentíamos mais confiantes em relação à roda e, cada vez mais, o medo ia sendo substituído pela tranquilidade do encontro.

A cada momento vivido na roda, fomos construindo laços mais estreitos com a turma e com cada criança em particular, o que nos leva a refletir sobre a importância dos vínculos afetivos na educação infantil, analisando os pontos a seguir: a autoridade, a formação de grupo e a afetividade.

A construção de vínculos afetivos no cotidiano do grupo

> *Um grupo se constrói, construindo o vínculo com a autoridade e entre iguais.*
> Madalena Freire (1997, p. 23)

Apesar de já termos passado algum tempo com a turma durante as análises e observações participativas, conhecendo as crianças, acompanhando sua rotina e criando vínculos com elas, quando chegamos para coordenar, como já indicamos, ainda não éramos uma referência para o grupo.

No início, sentíamo-nos confortáveis com a ajuda da professora, pois a responsabilidade de coordenar uma turma gerava insegurança, principalmente nos momentos da roda, quando todo o grupo estava reunido e ficava difícil dar a atenção necessária para todos ao mesmo tempo. Na maioria das vezes em que solicitávamos a atenção das crianças, não éramos atendidas, fazendo-se necessária a intervenção da professora no sentido de reforçar nossas falas, nossas solicitações. A professora da turma sempre lembrava às crianças de que, naquele período, estaríamos à frente dos trabalhos e de que, quando precisassem de alguma ajuda ou orientação, deveriam dirigir-se a nós.

Estávamos vivenciando o dilema de assumir a autoridade e tentávamos entender o que acontecia.

> Eu me sinto mal quando altero o meu tom de voz com eles. Isso geralmente ocorre quando eles me desafiam e quando eles brigam

> mesmo depois de a gente dizer para eles pararem de brigar, e eles continuam se chutando... Acho que o primeiro percurso que tenho que fazer é começar a refletir: Por que eles fazem isso? Por que eles estão brigando tanto? Por que eles estão nos testando? Por que eles nos desafiam? Em que momentos as brigas mais ocorrem? Em quais momentos os desafios e testes mais acontecem? (Registro dia 14/11/2006)

Na medida em que nos tornávamos cientes de que teríamos que lidar com as "brigas", falas atropeladas, decidimos realmente assumir o papel de professoras da turma e reagir diante das dificuldades e inseguranças que tínhamos, em vez de nos posicionarmos passivamente. Mas, com receio de sermos autoritárias, muitas vezes acabávamos sendo permissivas demais, gerando mais bagunça e agitação na turma. Como resultado, perdíamos a calma e acabávamos falando com eles de forma alterada, ou seja, assumíamos a postura autoritária da qual estávamos fugindo.

Essas atitudes nos traziam inquietações e inseguranças e conviver com isso gerava quase sempre conflito e tristeza. Mas, como diz Luciana Ostetto, "(...) assim como na vida, é preciso admitir a falta, a frustração, a dificuldade, a ignorância – atitude que em si traz o potencial do crescimento e a oportunidade da expansão do ser" (2006b, p. 182).

Passamos então a rever as ações do grupo (as nossas ações e as das crianças), para poder entender o porquê de tudo o que estava acontecendo, daquela falta de diálogo.

Os desentendimentos eram mais frequentes na roda e nos espaços organizados da sala (casinha e tapete). Nessas ocasiões, tentávamos estabelecer limites e referenciais, mas as crianças não nos atendiam. Sentíamos que elas estavam "nos testando", como se diz popularmente.

Levantamos algumas possibilidades para esses comportamentos: necessidade de atenção/afeto; a organização do espaço; as relações de convívio entre os pares; e a nossa interação com as crianças. Em certa medida, nossa presença na turma modificou seus movimentos. Esses fatores exerciam forte influência sobre as ações das crianças. Íamos compreendendo que os vínculos do grupo eram tênues, frágeis.

Percebemos, também, que a identidade do grupo não aparecia; não havia a noção de pertencimento e os rituais do grupo eram pouco visíveis. Onde estavam as marcas do "nosso"? Diante disso, como não pensar sobre a formação de grupo?

Formação de grupo

Sabemos que, na educação infantil, o grupo é elemento essencial, pois a criança se constitui, como ser humano, pelas relações que estabelece com o meio e com outras pessoas. É no grupo que ela tem a liberdade de exercitar suas polaridades e descobrir-se por meio do contato com as diferenças do seu semelhante.

Madalena Freire (1993) considera a formação de grupo uma construção da identidade individual e coletiva, na qual são necessários os desejos das crianças e, também, os do educador – um educador presente, que, por meio da sua constante observação (leitura do grupo) e participação, estará atento às falas, aos desejos, aos silêncios, à dinâmica e às necessidades do grupo (do qual ele também faz parte), propondo situações significativas no processo de conhecimento. Ao educador, "não basta só dizer 'se juntem para trocar', como acontece no dia a dia da sala. 'Deixa as crianças desenharem, deixa as crianças jogarem'. Sem um educador que constrói intervenções neste processo, não há construção" (Freire 1993, p. 162).

Além do educador, outros elementos são necessários para um grupo constituir-se: a rotina e a constância.

A rotina estrutura a vivência do grupo, fazendo-o acontecer. Assim, são organizados os tempos, os espaços, as atividades, as situações, estabelecendo uma referência ao grupo e segurança e autonomia às crianças. A rotina, que é a base do grupo, não deve ser rígida, e sim flexível. Podemos dizer que existem dois tipos de rotina: a rotina hospitalar ou rotineira e a rotina criativa ou viva. Na *rotina rotineira* a aprendizagem só ocorre na chamada hora da atividade pedagógica, sob o controle do educador, e a ênfase está nos aspectos físicos do desenvolvimento da criança, satisfazendo suas necessidades básicas de higiene e alimentação (Oliveira *et al.* 1992). Nessa rotina mais rígida, a criança está sempre esperando, pois está organizada do ponto de vista do adulto. Já a *rotina viva* articula aspectos físicos, cognitivos e socioafetivos da criança, satisfazendo suas necessidades socioculturais: interação, linguagem e brincadeira. A aprendizagem acontece em todos os momentos do cotidiano. A criança é vista como um ser que interage e que faz. A participação da criança na organização dessa rotina é possível dada sua flexibilidade.

Na creche é essencial o estabelecimento de uma rotina viva, em que o planejamento das atividades e a organização dos tempos e espaços ofereçam segurança às crianças, mas com abertura para o novo, o imprevisto, pois é em um ambiente estruturado que os pequenos conseguem perceber as regularidades e mudanças, buscando um equilíbrio entre o novo e o já conhecido, orientando seus próprios comportamentos (Oliveira *et al.* 1992).

Para que a rotina aconteça e o grupo se constitua, é preciso constância, compromisso de tempo, horário, atividades, participantes. A constância possibilita o aprofundamento dos movimentos do processo de aprendizagem. Assim, o educador deve estar atento a essa rotina, aos ritmos do grupo, aos ritmos de cada um.

Considerando o grupo como uma construção, é essencial que o educador esteja sempre *presente* e *atento*; que crie uma rotina *viva, pulsando seus desejos e os desejos das crianças*; que mantenha constância *com comprometimento*. No processo grupal, o educador deve promover um fazer e um pensar circulares – assim como na roda, o convívio e o respeito às diferenças em todos os momentos de encontro do grupo são fundamentais. Esse é o processo do grupo: a circularidade, o movimento, a vida pulsando. E, nessa circularidade, a construção do conhecimento.

> É no encontro do grupo que nos defrontamos com as *diferenças*. É no grupo que aprendemos esse difícil processo de conviver com as divergências, os conflitos, as diferenças. Isso tudo envolve

> e significa processo de construção de conhecimento, significa processo de apropriação do saber de cada um para deflagrar o que ainda não se conhece. (Freire 1993, p. 162)

Por meio das trocas, dos conflitos e das percepções, cada um faz a sua história, significa a sua identidade e percebe-se integrante de um grupo. Nesse processo de construção, os vínculos se fortalecem e as identidades individual e coletiva começam a se fazer visíveis pelas marcas da presença do grupo – seus rituais, sua convivência, seu processo de conhecimento.

A afetividade

Pensando sobre a formação do grupo como um processo que não acontece de forma linear e harmônica, no qual as diferenças aparecem (e com as crianças isso é também corporal, traduzindo-se em "brigas" e contato físico), não podemos deixar de mencionar o que sentíamos naquele momento. Os chamados "testes" e "desafios" das crianças nos incomodavam muito e não sabíamos lidar com a situação. Como exercermos nossa autoridade sem ser autoritárias? Como nos aproximarmos das crianças e sermos uma referência para elas? Como incentivarmos o olhar, o escutar e o ouvir o outro no grupo? Seria a afetividade um caminho? Começamos a atentar para as possibilidades que poderiam surgir, ao longo do estágio, de fortalecer os vínculos do grupo e de exercer a autoridade, por meio de propostas afetivas.

Lembramos aqui de um fato ocorrido enquanto esperávamos uma apresentação na creche, que seria feita integrando algumas turmas. Aproveitamos que o espaço estava aberto – sem mesas, cadeiras e biombos – e, deitadas no chão, brincamos com as crianças. Elas sentavam na nossa perna e nós as balançávamos para a frente e para trás... O contato, as risadas, o olhar o outro nos olhos e estar totalmente presente ali com as crianças fortaleceram o vínculo necessário para elas nos terem como referência. Porém, o importante para nós era que a referência estava vindo de vínculos de carinho e de afeto, e não das broncas e da alteração de voz.

A partir desse fato, passamos a escutar mais as crianças e a nos aproximar mais delas, disponibilizando-nos para brincar com elas no chão e na mesa, oferecendo-lhes nossa ajuda e lançando-lhes desafios ("e se construirmos uma garagem?" – brincando com as madeirinhas). Como nos provoca Paulo Freire, "(...) como ser educador, se não desenvolvo em mim a indispensável amorosidade aos educandos com quem me comprometo e ao próprio processo formador de que sou parte?" (1996, p. 75).

Além dessas brincadeiras, outras propostas, como carinhos com flores e massagens corporais, também possibilitaram o toque, o afago, o contato com o outro, oferecendo às crianças e a nós um outro referencial: de atenção (cuidar do outro) e de agir com delicadeza na fala, no toque e no olhar.

Outras formas de interagir: "Carinho com flores e dança com fita"

Preparamos com antecedência o ambiente da sala de vídeo e, em grupos, as crianças se dirigiram para lá. Cada grupo que chegava olhava curioso para saber o que aconteceria de diferente. Sugeríamos às crianças que se deitassem nas almofadas, pois experimentariam um carinho diferente, com flores. Algumas imediatamente se deitaram, outras se mostraram temerosas diante do que as esperava.

Após o exercício de relaxar, receber e dar carinho, colocamos para tocar a música "Primavera", de Vivaldi. Cada criança recebeu fitas coloridas para dançar. Aproveitamos o momento da dança para descobrir diferentes movimentos com o corpo e as fitas, ao ritmo da música. As crianças saíam com um sorriso imenso, querendo mostrar aos amigos a fita que tinham ganhado.

Os pequenos que aguardavam a vez de participar da proposta ficavam curiosos, ansiosos e até um pouco assustados, pois não sabiam o que aconteceria. Os olhares diziam tudo... E, para nós, foi uma grande sensação de descoberta.

> Foi a descoberta de que podemos buscar outras formas de interagir com as crianças, oferecendo propostas e espaços diferenciados para

> a experimentação de múltiplas linguagens e sensações muitas vezes desconhecidas por elas. A afetividade foi algo marcante nesse dia. A entrega das crianças à proposta nos chamou atenção. Muito da agressividade que percebíamos em alguns momentos, em sala, durante as brincadeiras, desapareceu e transformou-se em demonstração de afeto e carinho pelo amigo. (Registro dia 18/10/2006)

Passamos a refletir sobre a importância desse referencial afetivo para as crianças, tanto nas atividades como na forma de nos relacionarmos com elas.

As propostas afetivas criaram os vínculos corporais e de respeito de que necessitávamos para a criação de um ambiente de autoaceitação e autonomia, em lugar de um ambiente de negação. A roda também contribuiu para o fortalecimento dos laços, a partir do momento em que se constituiu como roda, elemento circular, não apenas como espaço mas principalmente como atitude. Já o trabalho em pequenos grupos possibilitou que nosso olhar se modificasse, tornando-se mais sensível e aguçado não só no sentido de perceber as crianças em suas individualidades, representações simbólicas, elaborações dos pensamentos e das falas e expressões das suas certezas e incertezas, mas também no sentido de despertar a criança que estava dentro de nós. Como diz Luciana Ostetto (2006b, p. 186),

> (...) na jornada de formação é preciso (...), abrir espaço para que o novo, envolto na incerteza e na indefinição, possa habitar a vida do professor. Tomar contato com o outro lado do ser adulto, entrar em contato com a criança interna, radicalmente novidade e mistério, pode ser um caminho.

A criança em foco: Pequenos grupos, descobertas e conhecimento

Um dos objetivos do projeto de estágio era desenvolver, com as crianças, trabalhos em pequenos grupos, acompanhando o movimento que a creche já fazia com algumas turmas. Para pensar e analisar essa ideia, fomos buscar um referencial no trabalho dos educadores no norte da Itália, em Reggio Emilia. Estudando essa experiência, ficou claro para nós que, por meio das interações que se manifestam nos pequenos grupos, o conhecimento vai surgindo pela elaboração de hipóteses, formas diversas de investigação, observações, questões, debates de ideias, representações simbólicas, discordâncias e descobertas (Rankin 1999).

Em Reggio Emilia, "(...) pequenos grupos de crianças trabalham simultaneamente e podem ser encontrados por toda a escola, organizados de modo a facilitar as construções sociais, cognitivas, verbais e simbólicas" (Malaguzzi 1999, p. 99). Esses estudos e práticas desenvolvidos no norte da Itália destacam a importância dos pequenos grupos na promoção das interações e como elemento facilitador das observações e pesquisas sobre aprendizados coletivos, por parte do educador.

> Para os educadores em Reggio Emilia, o intercâmbio social é visto como essencial para a aprendizagem. Através da atividade compartilhada, da comunicação, da cooperação e até mesmo do conflito, as crianças constroem em conjunto seu conhecimento sobre o mundo, usando as idéias de uma para o desenvolvimento das idéias de outra, ou para explorarem uma trilha ainda não explorada. (Gandini 1999, p. 151)

Essa trama de relacionamentos permite às crianças e ao educador experiências mais profundas e, portanto, mais significativas, auxiliando os processos de observação, registro e documentação, e o retorno que educandos e educadores podem dar às questões suscitadas pelo grupo.

Em diversos momentos durante o estágio foram realizadas propostas de trabalho em pequenos grupos. Entre elas, escolhemos duas que foram mais significativas para a turma, pois proporcionaram experiências com materiais e espaços diferentes daqueles aos quais as crianças estavam acostumadas.

Olha o passarinho! Saindo para fotografar

Para o desenvolvimento dessa proposta, sentávamos inicialmente com cada grupo de crianças para que conhecessem e experimentassem o equipamento que seria usado como registro e para dar algumas orientações, já que sairíamos da creche: "Sentamos para conversar e fazer alguns testes com a máquina fotográfica. Eles adoraram. Bateram algumas fotos, alguns aprenderam a focar as imagens, a segurar na máquina, e fomos passear" (Registro dia 13/11/2006).

Percebemos que a experiência com a fotografia trazia muitas novidades: sair, olhar, pegar a máquina, manusear... A vontade das crianças de aprender a mexer com a máquina e de poder bater fotos era imensa. Nos bate-papos entre nós e elas, nas orientações, nos testes e nas conversas sobre a saída, muitas falas revelaram essas interações: "pega aqui, assim...", "mexe ali", "focaliza assim", "a imagem tem que aparecer nesse quadradinho", "vamos testar...", "não dá...", "levanta mais, abaixa mais...", "segura a máquina assim...", "eu quero bater foto dela", "eba!", "não saiu nada!?", "vamos fazer de novo?", "agora, eu!", "posso bater de novo?", "agora é a minha vez!", "eu quero!", "vamos bater fotos das casas?".

Cada criança podia escolher uma casa para fotografar. Era a proposta: casas. Mas outras coisas também chamaram a atenção das crianças, como a igreja, os cachorros, a "casa da bruxa" (uma casa antiga de madeira, com todas as janelas fechadas, que, com base nas já conhecidas histórias infantis, provocou o imaginário das crianças), o carro da casa que o Gustavo escolheu, a "casa azul da cor do Power Ranger Tubarão Azul Flutuante". Cada casa escolhida tinha uma história... algo que chamava o olhar da criança para uma observação mais atenta. Na hora de fotografar, muitos lembravam sobre como segurar, enquadrar e bater a foto e ficavam felizes com a autonomia que a proposta proporcionava, desde a escolha da casa até a hora de fotografar. Eles expressavam essa alegria pelo olhar e pela vontade em não largar a máquina. Eles queriam continuar batendo cada vez mais fotos.

Na volta para a creche, conectamos a máquina fotográfica na televisão e a turma toda pôde ver as fotos e saber o que havia acontecido no passeio. Cada grupo falou sobre o que mais gostou, o que mais chamou sua atenção, sobre a casa que escolheu; sobre o carro que viu, sobre o cachorro, sobre sua casa, sua mãe, a árvore de Natal; sobre os amigos que encontrou no passeio, sobre a casa da bruxa. Depois de todas as saídas às ruas para fotografar, revelamos as fotos e montamos um painel.

O passeio para fotografar revelou como é possível incentivar e promover a autonomia e a autoria das crianças no processo de conhecimento. Cada escolha de casa era um olhar que procurava uma significação para o que via. Além disso, a aproximação das crianças com o bairro, as residências, a igreja e as suas próprias casas e sua história fortalecia os laços afetivos entre elas, os adultos e a comunidade. Exemplo disso foram as pessoas na rua nos perguntando sobre os pequenos, querendo saber se eram as crianças da creche e se estavam realizando algum projeto. Outros, ainda, reconhecendo as crianças, cumprimentavam-nas com um "oi!" amistoso.

Com a saída às ruas deu-se uma mudança de espaço. As crianças entraram em contato com outro contexto: as ruas e suas casas; um contexto já conhecido por elas e vivenciado em seu dia a dia. Esse contexto trouxe outras informações, interações e, o mais importante, possibilitou uma outra forma de comunicar o vivido – a fotografia. Duas máquinas fotográficas permitiram os registros dos pequenos e os nossos, já que aproveitamos para fotografá-los enquanto batiam fotos. Foi um momento de grande contentamento, no qual as crianças tiveram autonomia para registrar suas experiências.

Pintura e exposição

Observando as fotografias, as crianças tiveram a oportunidade de experimentar uma forma bem diferente de registrar suas descobertas: no lugar do papel A4, um grande papelão, maior do que elas; em vez de lápis, pincel e tinta, como apoio, a parede.

Dividimos a turma em quatro grupos, para estarmos mais presentes e atentas ao trabalho de cada criança. No início, as casas eram o foco da pintura das crianças; depois, elas queriam pintar, pintar e pintar, sem se importar com as casas. A exploração era o essencial naquele momento. As dimensões e a consistência do papel permitiam isso. Sobressaiu o prazer de manusear a tinta e explorar aquele papel tão grande: "(...)

montamos tudo no pátio da creche. Esticamos a lona e penduramos o papelão para eles. (...) A sujeira foi imensa, e a diversão também" (Registro dia 21/11/2006).

Por meio da pintura, cada criança pôde expressar os conhecimentos que estavam sendo construídos. Depois da pintura, a exposição. Como poderíamos fazê-la? Por que não realizarmos uma exposição tridimensional, em vez de colocar os trabalhos nas paredes simplesmente?

Foi muito difícil pensar além de uma exposição nas quatro paredes e partir para um plano tridimensional. A proposta, ao mesmo tempo em que fazia brilhar os nossos olhos pela novidade que apresentava, colocava-nos em constante dúvida quanto à organização da exposição e à receptividade das crianças. Tivemos que entrar em contato com o estranhamento. Inicialmente, houve algumas reações como: "Está difícil...", "Como vamos fazer?", "Não está dando certo...", "Será que não é melhor colocar na parede?", "Isso parece loucura". Mas, depois de montada a exposição, ou seja, a estrutura com as pinturas, as reações foram contrárias: "Que legal!", "Como não conseguimos pensar nisso antes?!", "As crianças vão adorar... elas poderão olhar por baixo das pinturas!", "Vai chamar a atenção delas!", "Que diferente!", "Adorei!".

Por parte das crianças, não poderia ser diferente. Elas adoraram! Ficavam debaixo da estrutura, giravam, olhavam as pinturas, reconhecendo-as, e interagiam com a exposição. Isso revelou a importância de ir ao encontro do desconhecido no cotidiano com as crianças em vez de permanecer sempre no mesmo caminho. Como um girassol, nome escolhido pela turma, a estrutura também girava pelas mãos dos pequenos.

As trocas entre os pares e a relação crianças/professora foi se construindo a cada nova proposta, à medida que o nosso olhar ficava mais sensível às ações, ideias, dúvidas e inquietações que as crianças demonstravam.

Assumimos uma atitude de pesquisa junto com as crianças, lançando desafios, questionamentos e propondo situações e utilização de diversos materiais, configurando momentos de descobertas, investigações, cooperação, diálogo e, assim, construção do conhecimento.

Para além do conhecimento, os trabalhos em pequenos grupos contribuíram para a segurança, a autonomia, a vivência das múltiplas linguagens e as interações entre o grupo. Possibilitaram também algumas mudanças na rotina da turma, pois tempo e espaço foram repensados para a dinâmica dos pequenos grupos, criando situações que favoreceram a observação e nossa presença mais constante e atenta para com as crianças. A experiência com os pequenos grupos representou momentos de descobertas, de aprendizado, de aproximação das crianças e de sensibilização da escuta e do olhar.

Assim, em todo o período do estágio, procuramos cada vez mais incentivar a expressão e a troca de experiências entre as crianças, oferecendo "um ambiente cheio de possibilidades" (Holm 2004, p. 92), contribuindo para a formação do grupo.

Do estranhamento ao novo na formação do professor: O adulto e a arte

Analisando nosso percurso, a conclusão a que chegamos é a de que, para dar espaço às expressões das crianças, devemos vê-las em sua totalidade, estar atentos a elas nas suas diferentes formas de comunicar e descobrir o mundo. Se o professor não for sensível às expressões das crianças, um desenho, uma foto, uma fala poderão passar em branco. Será que realmente conseguimos ver e escutar a criança? Será que prestamos a devida atenção ao que o grupo nos informa? Mas por que isso é tão difícil para nós, educadores? Para pensar uma educação que valorize a expressão das crianças, trata-se de algo essencial

> (...) trazer uma outra dimensão para a formação de professores: uma abordagem que vise ampliar olhares, escutas e movimentos sensíveis, despertar linguagens adormecidas, acionar esferas diferenciadas de conhecimento, mexer com corpo e alma, diluindo falsas dicotomias entre corpo e mente, ciência e arte, afetividade e cognição, realidade e fantasia. (Leite e Ostetto 2004, p. 12)

Dessa forma, para que as crianças possam realmente ter espaço para se expressar, os professores também têm que encontrar a abertura necessária para se expandir. Acreditamos que a arte seja capaz de possibilitar essa abertura. Assim, visitas a museus, teatros, cinemas, espaços de arte e livrarias devem fazer parte da formação permanente de professores, pois é no encontro com a arte e com tudo o que ela nos provoca – como o estranhamento e a abertura ao novo – que os educadores abrem caminhos para sua própria expressão, despertando novos enredos, novos olhares, novos movimentos. Consequentemente, abrindo caminhos para a expressão das crianças.

Para seguir compondo com as crianças, o educador precisa, primeiramente, reconhecer-se e descobrir sua musicalidade, sua possibilidade criadora, acreditar, enfim, que é possível (e urgente) fazer educação com alegria, cores, sons, movimentos. Que é preciso articular razão e emoção para podermos acompanhar as tantas crianças que estarão conosco nessa aventura que é ensinar e aprender. É essencial recuperar a nossa dimensão criadora, inventiva, brincalhona, "cantante", ousada, aventureira, corajosa. Só assim poderemos provocar e abrir espaços para a cor, a musicalidade e a alegria de dizer a palavra – nossa e das crianças! (Ostetto 2004b, p. 94)

Assim, é buscando na arte a sensibilização do movimento, do olhar e da escuta que o professor estará aberto a dar espaço às expressões das crianças, atuando como mediador desse processo, ampliando os fazeres, enriquecendo a expressividade e a autoria das crianças, e oferecendo-lhes liberdade para a criação. Pois, como diz Luciana Ostetto (2004a, p. 57),

> (...) a mão na trava, para abrir ou fechar, é do professor, sem dúvida. A possibilidade de um cotidiano prazeroso, criativo, colorido, musical, dançante, repleto de movimento, aventura e trocas dependerá, em muito, das possibilidades do adulto, da relação que estabelece com as diferentes linguagens, do seu repertório cultural.

Muita coisa mudou. Não podemos dizer que tudo ficou diferente em nossas relações com as crianças, mas muito aprendemos com elas.

Com base em nossos registros, no processo de reflexão, buscamos caminhos alternativos aos impasses, procurando, dentro de nós, a coragem e a criatividade para as dificuldades que surgiam visando construir com elas o pertencimento ao grupo, gerando o cuidado com o outro, sem sermos autoritárias ou permissivas, buscando um equilíbrio, dialogando. Organizamos o espaço de forma que garantisse a atenção das crianças ao que estava sendo proposto; brincamos em alguns momentos com elas; pensamos o momento da roda; oferecemos propostas afetivas e proporcionamos os trabalhos em pequenos grupos.

Porém, mais do que termos feito tudo isso, conquistado ou acertado, o aprendizado maior foi dar-nos conta da necessidade desses elementos fundamentais na prática educativa e na formação de grupo na educação infantil. O estágio provoca isso. Proporciona o tempo necessário de rever as ações, avaliar, refletir, para buscar a mudança, novos trajetos.

5
A LINGUAGEM ESCRITA NA EDUCAÇÃO INFANTIL

Experiência de estágio com crianças de três a cinco anos

Dayane Aline Faria
Simone de Castro Kuhnen

Registros e projetos: Traçando metas

Em junho de 2006, quando chegamos pela primeira vez à Creche Nossa Senhora Aparecida, localizada no bairro Pantanal, em Florianópolis, olhávamos tudo com curiosidade e expectativa. Estávamos na 7ª fase do curso de Pedagogia. O estágio começava e teríamos muito tempo para conviver e construir uma história com a creche e, especialmente, com a turma do Misto I, um grupo de 23 crianças entre três e cinco anos. Na sala, nossa chegada se deu em meio a sorrisos e perguntas. As crianças estavam muito curiosas para saber o que iria acontecer.

Chegamos de mansinho. Fomos aos poucos nos envolvendo na rotina das crianças, tornando-nos parte do grupo. Foram muitas observações com as quais começamos nossa leitura de grupo, com o olhar atento para pensar nosso projeto coletivo de estágio e nosso projeto de trabalho. Depois, mais observações e participações até chegar à coordenação. No processo, muitos registros.

Um dos eixos do nosso projeto coletivo de estágio recaiu sobre as múltiplas linguagens na infância. Articuladas ao projeto de estágio e com o olhar atento aos movimentos e às expressões daquelas crianças, construímos nosso projeto de trabalho: "Criando, brincando e jogando: Experimentando diversas linguagens".

A proposta também contemplava o desejo de dar continuidade ao trabalho das educadoras de sala; ou seja, trabalhar e continuar a organização do cotidiano com os pequenos grupos. Como se dava essa dinâmica? Durante a tarde, a turma era dividida em quatro pequenos grupos que ocupavam diferentes espaços na sala: casinha, carrinho, tapete e mesa (com atividade dirigida, coordenada pela professora). Nas atividades dirigidas, além da sala, outros espaços também eram ocupados, como o salão (que é também refeitório), a sala de vídeo, o solário e o pátio. Normalmente havia, em cada tarde, dois momentos, com rodízio entre eles, de modo que cada criança pudesse participar de dois espaços.

Em meio às diversas descobertas que fizemos no período de observação do estágio, o que ficou mais forte foi exatamente o que as crianças nos apontavam: a curiosidade com o mundo das letras. Foi registrando os movimentos das crianças e anotando suas interações no cotidiano que pudemos perceber seu interesse pela leitura e pela escrita. A todo momento elas faziam relações entre as letras de seus nomes e as de cartazes; nos livros de literatura, reconheciam letras e tentavam ler as histórias; elas brincavam com crachás, sorteando o nome dos colegas; mostravam-se curiosas, ativamente buscando e pesquisando os sentidos desse objeto cultural que é a escrita.

Os registros a seguir dão uma mostra desse interesse:

> (...) em sala estávamos no tapete com as crianças e os livros. Achei engraçado, o Marcos ficou todo contente, pois viu "o mesmo homem em dois livros". Havia no tapete dois livros do Ziraldo. Vera lhe falou que o mesmo autor escreveu os dois livros. Ele pediu para levar um pra casa. As crianças gostam bastante de

> livros e nos pedem muito para contar histórias, curiosas em saber o que está escrito. (Registro 26/9/2006)

> No desenho, Fernanda pegou os cartões com os nomes das crianças e começou a copiá-los. Sentei-me ao lado dela, que começou a me perguntar o nome de algumas letras e eu fui respondendo. Algumas crianças estão bem curiosas em relação à leitura, querem saber o que está escrito nos livros, fichas e cadernos. Perguntam bastante, o que está escrito aqui, qual esse nome, principalmente na hora da saída onde elas estão mais em contato com os livros. Este é um ponto comum entre as crianças: a curiosidade e a descoberta das letras. (Registro 27/9/2006)

> O mais curioso foi que, ao ver as palavras que Vera escreveu, as crianças começaram a fazer relação com seu nome, e outros cartazes que tinha na sala. Thalissa chegou a sair da roda para mostrar onde tinha uma letra igual à do cartaz; mais uma vez percebi o quanto o envolvimento com as letras e palavras está presente no grupo. Já levanto aqui uma possibilidade de trabalho; acredito que podemos trabalhar com esse interesse e ampliar o estímulo das crianças para a leitura e a escrita. (Registro 28/10/2006)

Nessa sequência de ações, captadas por nossos olhares e registros, ficam evidentes a busca das crianças e seu envolvimento com o universo da escrita. E agora? O que fazer? Falávamos em múltiplas linguagens, mas não havíamos pensado na possibilidade de contemplar a linguagem escrita. Seria um caminho significativo?

Ficamos um pouco assustadas, pois não tínhamos ideia de como abrir espaço para a linguagem escrita na educação infantil. Afinal, a alfabetização não seria uma função só da escola? Estudando e discutindo a questão, compreendemos que essa é uma velha pergunta, e que muitas vezes funciona como uma barreira para a linguagem escrita estar presente nessa etapa de desenvolvimento da criança. Retomando a história desses processos, verificamos que, de um lado, há aqueles que ainda atribuem à educação infantil um caráter preparatório, principalmente no grupo que imediatamente antecede o ensino fundamental, o chamado pré-escolar. Outros defendem que a educação infantil possui especificidades e objetivos próprios, centrados na valorização do conhecimento das crianças, e que, portanto, não caberia um trabalho sistemático com a alfabetização (Kramer e Abramovay 1986). As críticas feitas à pré-escola preparatória tradicional trouxeram à tona o discurso de que a alfabetização não deve ocorrer na educação infantil, cabendo somente ao ensino fundamental.

Mas não podíamos negar o que víamos: o interesse e a busca das crianças por compreender essa complexa linguagem. Será que a escrita é um objeto da escola? Não pode estar na educação infantil?

Uma linguagem viva!

Olhando mais de perto a questão, vamos perceber que o problema não está em abrir ou não espaço para a linguagem escrita na educação infantil, e sim em como esse processo acontece: de forma treinadora, repetitiva e mecânica, ou de forma significativa, contextualizada, lúdica, criativa?

É preciso lembrar que a escrita, antes de estar no espaço educacional, seja na escola ou na educação infantil, está no mundo, e as crianças estão desde cedo em contato com ela, uma vez que interagem com livros, revistas, comerciais, produtos, brinquedos... Então por que lhes recusar a oportunidade de ler e escrever o mundo em que vivem? Ou, ainda, por que determinar em que momento isso pode acontecer?

A questão delicada reside em compreender de que forma a educação infantil pode contribuir com esse processo de conhecimento sem, contudo, impor ritmos de aprendizagem; como, enfim, compreender o aprendizado da linguagem escrita, uma vez que ela é viva, do mundo. Então, "(...) se a linguagem é viva, muitas e muitas palavras podem ser contadas e cantadas, criando espaços e momentos de interlocução, partilhando afetos e conhecimentos" (Ostetto 2004b, p. 84). Dessa forma, vamos compreender que

> (...) há também lugar para ela [a linguagem escrita] na educação infantil, claro, pois vivemos numa sociedade letrada, que faz uso da leitura e da escrita em seu cotidiano. Isso não quer dizer que

devamos ensinar "as letras" para as crianças desde a tenra idade, como tampouco, em oposição, retirar todo o material escrito das salas de educação infantil. (*Idem*, p. 85)

É preciso, então, ensinar a linguagem, no sentido de conhecer os usos e funções da escrita. Essa é a primeira pergunta que a criança faz: para que serve? Depois ela pergunta: como funciona? Como nos diz Vygotsky (1991, p. 120),

> (...) a linguagem escrita é constituída por um sistema de signos que designam os sons e as palavras da linguagem falada, os quais, por sua vez, são signos das relações e entidade reais. (...) o domínio de um tal sistema complexo de signos não pode ser alcançado de maneira puramente mecânica e externa: ao invés disso, esse domínio é o culminar, na criança, de um longo processo de desenvolvimento de funções comportamentais complexas.

Por isso a escrita não deve ser explorada como uma habilidade motora, que tem como objetivo fazer com que as crianças decorem alfabetos e copiem nomes e palavras sem significados. Se é importante "aproximar mais as crianças desse objeto simbólico da nossa cultura, não precisamos lançar mão daquele ditado antigo *a letra com sangue entra*, passando lições enfadonhas de copiar as letras, decorar o alfabeto, seguir o modelo, escrever na linha, etc." (Ostetto 2004b, p. 85). Podemos sim promover o contato das crianças com o mundo letrado. Afinal, o fato de não saberem ler e escrever não quer dizer que não interajam e não perguntem sobre esse mundo.

> (...) a criança que ainda não se alfabetizou, mas já folheia livros, finge lê-los, brinca de escrever, ouve histórias que lhe são lidas, está rodeada de material escrito e percebe seu uso e função, essa criança (...) não aprendeu a ler e escrever, mas já penetrou no mundo do letramento, já é de certa forma, letrada. (Soares 1998, p. 24)

Soares entende o letramento na sua função social: "letramento é o que as pessoas fazem com as habilidades de leitura e escrita, em um contexto específico, e como essas habilidades se relacionam com as necessidades, os valores e as práticas sociais" (*idem*, p. 72). Assim, letramento é reconhecer um produto pelo rótulo, identificar o nome de alguém querido numa revista, ver-ler histórias, livros ou gibis, reconhecer símbolos e placas. Pode ser diversão, na medida em que permite estar em contato com o mundo letrado de forma natural e prazerosa.

Desse modo, não podemos negar à criança o seu desejo de interagir de forma mais efetiva e significativa com os objetos do mundo letrado, do qual ela faz parte desde o nascimento. Nesse sentido, a educação infantil poderá garantir espaços para que a criança compreenda o que é ler e, principalmente, que confie na sua capacidade de aprender a ler e a escrever, agora ou mais tarde. Antes de decodificar os textos escritos, é muito importante "a criança compreender que a palavra escrita corresponde e significa um objeto ou uma ação concreta" (Kramer e Abramovay 1986, p. 170); precisa perceber que a palavra escrita é mais uma forma de expressar as coisas, as ideias e os sentimentos. Isso é o que chamamos de perceber a escrita em sua função social – é reconhecê-la como instrumento de acesso ao conhecimento. Portanto, torna-se essencial mostrar à criança, em atos concretos e significativos de leitura e escrita, para que elas servem e como funcionam.

Assim, se por um lado podemos afirmar que a função da educação infantil não é a alfabetização, "entendida como aquisição de base alfabética, sistemática e continuamente desenvolvida no ensino fundamental" (Ostetto 2004b, p. 85), por outro vamos reafirmar: é seu dever deixar a criança experimentar as diversas linguagens, inclusive a linguagem escrita, e suas possibilidades, e propor, no cotidiano, variadas formas de representação, expressão e leitura do mundo: colorir, brincar, pular, desenhar, recortar e – por que não – escrever.

As crianças e a escrita: Diversas possibilidades

Com o pensamento de que somos seres sociais envolvidos por uma cultura, da qual fazem parte o cultivo e os usos da escrita, confiamos na possibilidade de abrir esse espaço e apostamos nesse desafio. Mesmo porque a professora da sala já disponibilizava o acesso das crianças aos materiais de leitura e escrita. Durante nossas observações, vários foram os momentos em que apareceu esse trabalho. Isso nos animou e contribuiu para a continuação do nosso projeto. Contaremos agora nossas propostas de trabalho, nossas aventuras com as crianças e o universo da linguagem escrita.

Da imagem à escrita: Elaborando histórias

Primeiro surgiu a ideia de proporcionar às crianças uma leitura de imagens. Propusemos a elas que criassem uma história baseada em um livro de imagens. Ficou claro para nós que as crianças são capazes de ler, mesmo sem o domínio dos símbolos da escrita; elas conseguem ver os detalhes e descrevê-los com clareza. Daí a importância da fala na antecedência da escrita.

Em roda, preparamo-nos para a "contação" de histórias. Levamos dois livros: um livro comum, com imagens e a história escrita – *Tudo bem ser diferente* (de Todd Parr), e outro só com imagens – *Esconde-esconde* (de Eva Furnari). O que aconteceu?

> Em roda, contei a história. As crianças interagiram bastante, rindo das falas e imagens, trazendo informações. Quando terminamos, as crianças já foram logo pedindo pra contarmos outra. Então me preparei, li o título *Esconde-esconde*, abri o livro no meio da roda e... opa! Está faltando alguma coisa; cadê as letras? Perguntei às crianças: como vou contar a história sem as letras? Elas olharam assustadas e Haabi disse: inventa. (Registro 23/10/2006)

E assim surgiu a proposta. Mostramos às crianças uma sequência de imagens que compunham uma história. Em seguida, organizamos dois grupos para cada um ver-ler as imagens e construir sua história. Um grupo se reuniu no solário, e o outro grupo ficou na sala. A oralidade foi privilegiada e, com o auxílio dos adultos, transformou-se o discurso oral em texto escrito.

> Orientei um grupo no solário, grupo grande (11 crianças). Começamos pela primeira imagem. As crianças foram falando basicamente o que tinha na cena. Então fui novamente chamando atenção aos detalhes, por exemplo: que nome escolher para as personagens? Que tipo de flor havia no vaso? Com o que as personagens amarraram o vaso? Fui com eles decidindo o que escrever, eles falavam, eu anotava e lia muitas vezes. A Thalissa apontava as letras na folha fazendo relação com o nome dos colegas. O Leonardo e o Rafael falavam muito, dando idéias. (Registro 23/10/2006)

Surgiram as seguintes histórias:

> JOÃO E MARIA
> João e Maria estavam jogando bola e quebraram o vaso de flores. Eles ficaram preocupados, pois o dono da florzinha poderia brigar com eles. Então resolveram montar o vaso com uma cordinha. Não ficou muito direito, mas mesmo assim colocaram o vaso no local que estava e foram embora para fazer um lanchinho.

> O CHUTE
> Karina e Cebolinha estavam jogando bola. A bola Rupi bateu no vaso de rosa vermelha. O vaso caiu no chão e quebrou. Eles foram ao quarto e pegaram dois fios pretos para amarrar o vaso. Conseguiram amarrar, mas sobrou um pouquinho de pedaço do vaso. Depois foram para casa.

Conversando sobre as imagens, descrevendo cada cena – enquanto o registro era feito por nós –, muitas falas se cruzavam e muitas histórias se criavam; numa relação de falar, escutar e negociar, a interação aconteceu, dando origem a uma história de grupo. As crianças interagiram bastante. Seguindo as etapas, procuramos fazer com elas o seguinte exercício: observar as imagens, pensar o que escrever, organizar as frases e fazer o registro. Assim, as crianças acompanhavam com clareza a escrita feita em folha. Ao terminar as histórias, organizamos a socialização na sala. Um grupo contou sua história ao outro.

No dia seguinte, trouxemos o material produzido, organizado em forma de livro, com as figuras coladas e o texto digitado. Na capa, o nome da história e o dos autores. Lemos as histórias algumas vezes durante a semana. E também vimos as crianças contando as histórias muitas vezes, principalmente após o jantar, no momento em que, cotidianamente, costumavam explorar os livros disponíveis num canto da sala. O envolvimento e a produção das crianças deixaram-nos vibrantes, cheias de energia e mais entusiasmadas para outros desafios.

A origem da escrita: Conversas e produções baseadas em inscrições rupestres

A ideia seguinte foi a de promover com as crianças uma conversa sobre a origem da escrita. Quem sabe voltamos ao passado e escrevemos como nossos ancestrais? Buscando uma forma significativa de trazer para a sala a origem da escrita, levamos para a creche algumas figuras de inscrições rupestres, partilhando com as crianças muitas informações. Falamos em escrita como parte da cultura, da história. Nessa conversa houve contextualização, experiência, significação e provocação.

A provocação constituía-se em mostrar às crianças as primeiras marcas deixadas pelo homem; visualizar como eram realizadas essas inscrições, quais os materiais usados pelo homem e em que locais elas eram feitas. Explicamos aos pequenos que, antes de surgirem as letras – o alfabeto –, os homens já se comunicavam por meio de desenhos e sinais. Em torno das imagens estabeleceu-se uma animada conversa nos pequenos grupos, pois as crianças identificaram algumas figuras nas imagens apresentadas, como, por exemplo, o desenho de alguns animais, o contorno de mãos e linhas variadas.

As imagens realmente provocaram. Então veio o desafio: vamos fazer também nossas inscrições, nossos desenhos, nossos registros? Oba! Momento de experimentar! Propusemos um trabalho com argila num formato diferente, em forma de placas. As crianças produziram as placas com argila e água, com o auxílio de uma esponja úmida (para facilitar a modelagem), um palito com ponta e muita criatividade.

Surgiram diversos desenhos. E, com os desenhos, surgiram também muitos comentários. A professora da turma nos disse que, após o trabalho, no dia seguinte, as crianças só falavam na proposta "e no que aprenderam. Ela completou dizendo que foi muito significativo. Leonardo, ouvindo nossa conversa, falou: Antes os homens ainda não tinham o papel nem lápis, então eles escreviam na pedra com sangue de animais e tinta de folhas" (Registro 22/11/2006).

Um mundo de palavras: O "dicionário" da turma

Além da origem da escrita, levamos para a sala também um mundo de palavras, na proposta de criação do "dicionário" da turma. O livro em construção levado para a sala foi confeccionado e organizado com as letras em ordem alfabética. O livro e o fato de poderem escrever nele despertaram a atenção das crianças. A atividade de escrever no dicionário só se tornou possível por meio do trabalho em pequenos grupos e pela mediação de duas educadoras para melhor interação. As crianças precisavam de auxílio ao escrever, seja para soletrar ou indicar uma letra esquecida. Assim, quanto menor o grupo, mais atenção individualizada pudemos dar.

A proposta da atividade foi entregar etiquetas adesivas às crianças e pedir que escolhessem palavras para escrever e depois procurassem no dicionário a letra correspondente à inicial das palavras escritas. As crianças escreveram palavras como o nome de seus pais, irmãos, colegas, entre outros, e também fizeram colagens de imagens. Foi um momento repleto de interações, em que elas se identificaram e fizeram relações com mil outras palavras.

Nos pequenos grupos, observamos o envolvimento real e alegre de todos nessa proposta. Algumas crianças, principalmente as mais novas no grupo (não em idade, mas em termos de pertencer à turma), apresentaram dificuldades no processo escrito e ficaram mais envolvidas com o recorte das figuras. Grande parte das crianças mostrou interesse e facilidade, escrevendo vários nomes. Ficou visível, para nós, que a escrita foi para elas um momento significativo, com um repertório de palavras de sua escolha. Por exemplo, Maria Clara escreveu o nome do pai – Paulo –, e sempre que aparecia a letra P ou que alguém falava nessa letra, ela dizia: "P de Paulo". Gabriel escreveu seu nome e os nomes de seus familiares, e quando foi escolher uma figura, fez referência à letra de seu nome: a figura escolhida foi um gato.

Vivenciando esse momento, reforçamos nossa percepção inicial do grupo, que apontava para a curiosidade das crianças pela escrita. O fato de quererem escrever seu nome ou o do pai e/ou de identificarem uma figura na revista nos mostra que elas estão no mundo letrado e que não podemos lhes negar essa experiência. Até nos surpreenderam o interesse e a desenvoltura de uma criança em especial, ao observarmos que, nessa proposta, ela conseguiu alcançar uma concentração que ainda não tínhamos presenciado. Acompanhou a produção escrevendo seu nome e outras palavras, o que comprova que, quando o interesse parte da criança, a proposta se torna significativa e a verdadeira participação existe.

Claro que cada criança tem seu desenvolvimento, sua particularidade. Ao fazer uma proposta, a educadora deve estar aberta às diversas respostas que vêm delas. Houve crianças que não se concentraram na atividade e que foram resistentes à mediação, o que nos fez ver que nem sempre a proposta atinge a todos. A criança pode, naquele momento, ter outros desejos, outras necessidades, como brincar, correr. Isso nos fez refletir que a participação da criança sem o seu real envolvimento perde o sentido. Nós nos perguntamos várias vezes: qual postura assumir diante dessa situação? A resposta não é fácil. Essa é uma questão que nos acompanhará em nossa prática, pois, como professoras, sempre nos veremos obrigadas a tomar muitas decisões. Mas aprendemos que é essencial o exercício de "ler" o grupo, buscar identificar seus interesses. E, no caso da linguagem escrita, não impedir o acesso. Temos também que propor, provocar.

> O interesse pelas palavras cresce naturalmente no grupo; pude constatar isso nesta tarde, quando convidei duas crianças, no horário do parque, para ir comigo para a sala escrever o nome das imagens do nosso dicionário. Nem precisei convidar duas vezes! Gabriel P. e Marcos prontamente aceitaram meu convite. O mais interessante foi que, quando me dei conta, eu estava rodeada de crianças que também queriam escrever. Vale a pena registrar a fala das crianças. Thalissa: "Eu também quero escrever, posso?".

Gabriel P. respondeu: "Agora sou eu e o Marco. Eu vou fazer mais uma palavra". (Registro 21/11/2006)

Como já indicamos, algumas crianças, principalmente as que tinham chegado havia pouco tempo no grupo, não acompanharam a escrita das palavras e se envolveram mais com o recorte. Porém, acreditamos que o auge daquele momento foi a identificação de imagens, a "leitura" de objetos e propagandas nas revistas em que pesquisavam. Recortes de letras e figuras de revistas ajudaram a ilustrar o dicionário. A linguagem visual e a oral marcaram demais aquelas crianças, na medida em que, enquanto recortavam, conversávamos sobre as figuras. Provocações foram feitas: "Qual o nome desta figura?", "Por que escolheu esta?", "Onde vamos colá-la?". Em meio às figuras de alguns e à escrita de outros, houve troca, interações positivas e complementaridade das ações.

O fato de as crianças estarem em níveis diferentes de compreensão da escrita não atrapalhou em nada; pelo contrário, ajudou, pois elas olhavam atentamente a escrita do outro e percebiam a possibilidade de escrever o nome de objetos, representados nas imagens. Isso só foi possível por trabalharmos com pequenos e heterogêneos grupos.

Não tínhamos como objetivo proporcionar às crianças um momento de cópia, exercícios de caligrafia, nem alfabetização sistematicamente dirigida. O que nos guiou foi uma vontade natural das crianças, que era escrever. Nossas propostas seguiram por aí: explorar e ampliar essa vontade, traduzida como curiosidade. Lembramos de Vygotsky (1991, p. 133), quando afirma: "(...) a escrita deve ser 'relevante à vida' e deverá se desenvolver não como hábito de mãos e dedos, mas como uma forma nova e complexa de linguagem. No entanto, o ensino tem de ser organizado de forma que a leitura e a escrita tornem-se necessárias à criança".

Acreditamos muito no olhar da educadora e na leitura que ela pode fazer do grupo, por meio dos registros. E, como apostamos na leitura do nosso grupo, percebemos que é possível trazer provocações e deixar as crianças experimentarem o mundo, que também passa pelo contato com a linguagem escrita, como uma atividade social. Como uma das suas múltiplas linguagens.

6
QUANDO A CRECHE E A UNIVERSIDADE SE ENCONTRAM: HISTÓRIAS DE ESTÁGIO*

Adriana de Souza Broering

Creche e universidade: Diálogos

O estágio na Creche Nossa Senhora Aparecida, localizada no bairro Pantanal, em Florianópolis, Santa Catarina, é uma experiência que vem acontecendo há muitos anos, mas não tem mapa nem manual que possam ser seguidos. O que se sabe é que os universitários precisam de campos de estágio e as instituições que os oferecem necessitam dessa aproximação com a universidade. É um processo fecundo e enriquecedor e, tal qual um diálogo, depende de dois lados para existir.

---

* Estas reflexões não foram solitárias; elas são fruto da convivência e da história de um grupo de educadores. De modo muito especial, agradecemos à professora Luciana Esmeralda Ostetto pelas contribuições, pelo apoio e, principalmente, pelo estímulo para a escrita deste texto. Cabe assinalar que ele foi apresentado (em primeira versão) como comunicação ao 1º Congresso Internacional em Estudos da Criança, realizado de 2 a 4 de fevereiro de 2008, na Universidade do Minho (Braga, Portugal).

Aqui estão histórias contadas "do lado de cá", de dentro da instituição que acolhe o estágio. O tema nasceu das ações e dos relatos dos momentos vividos durante um determinado período, baseando-se em fragmentos retirados dos projetos e relatórios produzidos em estágios de 2003 a 2006. Enfatizando as conquistas, os avanços – com um desejo claro de marcar a positividade desse processo –, procuramos resgatar as palavras que foram escritas, e as memórias ainda vivas, desse tempo.

A Creche Nossa Senhora Aparecida tem, desde sua inauguração nos anos 1980, uma história de vivência com grupos de estagiárias[1] do curso de Pedagogia da Universidade Federal de Santa Catarina (UFSC). Durante todo esse tempo, tem recebido muitas estagiárias, convivendo com diferentes professoras coordenadoras de estágio e, nessa relação, construindo, cada vez mais, aprendizagens partilhadas. Há quem atribua essa ligação ao fato de a creche estar próxima ao *campus* universitário. Porém, essa história escreve-se muito mais por questões internas – pela disposição e pelo desejo do grupo da creche em receber a universidade – do que propriamente por fatores externos, como, no caso, a localização espacial.

A instituição, quando acolhe o estágio, abre-se de certa forma para o encontro com o novo, disposta a ensinar e a aprender, envolvendo adultos e crianças. Esse não é um processo simples, pois convivem na creche diferentes profissionais que, por sua vez, retêm diferentes concepções sobre criança, educação infantil, estágio, papel do educador.

A chegada das estagiárias abre a primeira questão: como articular um trabalho que pressupõe parceria, num grupo tão diverso e num intervalo de tempo determinado? No caso da experiência com o curso de Pedagogia da UFSC, a duração do estágio na primeira fase é de alguns dias (estágio de observação) e de alguns meses na segunda e última etapa – quando as observações analisadas dão sustentação ao projeto que orientará a atuação das estagiárias. A meta é desempenhar um trabalho coletivo, que precisa ser construído, e que "(...) para ser construído depende do

1. Sendo a maioria dos protagonistas mulheres, utilizamos a palavra no gênero feminino.

desejo e das atitudes de seus componentes. A necessária aprendizagem do grupo passa por vivê-lo como um desafio" (Ostetto 2000, p. 25). E esse desafio, que acontece todos os anos, renova-se a cada experiência.

A soma desses elementos ajuda a determinar a dinâmica do estágio. Mas, sem dúvida, é a abertura da creche que possibilita o encontro, pois não basta a instituição estar próxima da universidade – deve haver consenso no coletivo dessa instituição, movido pelo desejo de abrir-se ao diálogo, de deixar-se ver.

De acordo com nossa experiência, podemos afirmar que, inicialmente, esse encontro precisa ser intermediado. Para tanto, a primeira parceria deve acontecer entre a professora coordenadora do estágio, a supervisora e a diretora da instituição. Nessa parceria está a liderança que fará a mediação entre grupos (estagiárias e profissionais da creche) que se unem para um trabalho de alguns meses. Essa etapa vai determinar significativamente o andamento do processo; os procedimentos e atitudes dos envolvidos, nesse primeiro movimento, poderão definir a qualidade do diálogo e, por que não dizer, do estágio. Nesse caso,

> (...) depende muito de como "se entra" na instituição (pedindo licença ou invadindo) e de quanto estamos dispostos a mexer com nossos medos, verdades estabelecidas, limites. Mais uma vez: depende do olhar e aqui, para um bom trabalho, é imprescindível o olhar humanizado, sensível, pensante, que inclui e dialoga, compreende. (Ostetto 2000, p. 29)

O estágio é fundamental na formação do novo educador, e quanto mais sistematizado, mais resultados positivos e aprendizagens significativas haverá.

Por não se tratar de um processo estanque, ou meramente burocrático, os estágios não acontecem todos os anos da mesma forma. A história ajuda a resgatar alguns fatos e acontecimentos, pois muito haveria para narrar da trajetória de acolher o estágio em nossa instituição. No decorrer desses anos muitas foram as transformações. Passamos do *show* à participação. O que seria esse *show*?

> Era a universidade vindo aplicar "as novidades da área". (...) As estagiárias vinham para a instituição, criavam cenários, propunham atividades elaboradas com materiais diversificados, tiravam muita coisa do lugar "fazendo um *show*". Mas a instituição não deseja "assistir a apresentações". Porque, se fosse para fazer um *show*, o roteiro precisaria ser discutido com todos, já nos bastidores. O envolvimento real no processo, tanto de estagiárias quanto dos profissionais da creche (educadores, diretor, supervisor), é determinante para que não volte tudo a ser igual depois que o estágio acaba. (Broering 2008, p. 4)

Certamente as pesquisas na área, bem como as reflexões acerca do estágio, tanto da universidade quanto das instituições, têm contribuído para a realização de alterações e ajustes ao longo do tempo. Acreditamos no estágio, como já apontado por Ostetto (2000, p. 15), como "um momento de encontro entre educadores em formação e educadores que já estão atuando na educação infantil e que, no processo, experimentam uma verdadeira formação em serviço". O estágio deve ser visto não apenas como um campo de aplicação de conhecimentos, mas também como um campo de produção de conhecimentos.

Nesse sentido acreditamos que, ao longo dos anos, nossa instituição vem se apropriando dessa concepção de estágio que amplia o âmbito de ação, de reflexão e o compromisso das estagiárias e dos educadores. Para nós, o estágio é considerado uma das três vias de formação em serviço. As outras são os grupos de estudo, organizados pela instituição, e a formação descentralizada oferecida pela Secretaria Municipal de Educação.

A creche, ao participar desde a discussão do projeto de estágio até a avaliação no momento da conclusão, assume sua responsabilidade como espaço de prática pedagógica e formação em serviço. Assim, quando aponta o que foi feito e dimensiona o que está por fazer, não apenas muda sua prática como também contribui para a revisão e a reformulação de alguns aspectos teóricos. Quando uma instituição se dispõe a ver os "nós" da sua prática, abrindo-se para buscar apoio no campo teórico-metodológico, ela favorece o encontro entre teoria e prática (ou seria entre prática e teoria?). A partir desse encontro, vão-se construindo um fazer e um saber que não são apenas reprodução, mas ação, fruto de reflexão.

As conversas são também muito importantes para que o replanejamento e possíveis alterações sejam realizados, ainda durante o estágio. Um fato que merece registro por referendar essa afirmação aconteceu após observações das estagiárias sobre a organização do espaço dos bebês. A dificuldade encontrada pela supervisão da creche no sentido de propor mudanças às profissionais da sala do berçário evidenciou a necessidade de aprofundar a conversa, procurando ampliar a compreensão da questão: por que o espaço é importante? No encontro previsto entre estagiárias, educadores e supervisora da creche, a professora coordenadora de estágio trouxe um filme sobre a organização dos espaços na educação infantil. A sensibilização visual contribuiu para a compreensão das educadoras sobre a importância de alterações no espaço de "sua sala". Por meio da linguagem audiovisual, aliada ao bom conteúdo textual que o filme trazia, as professoras puderam "ver", nos espaços apresentados, os "seus" bebês.

É, inclusive, por meio de exemplos assim que podemos afirmar que as unidades de educação infantil e seus profissionais só têm a ganhar quando percebem o estágio como um campo de formação profissional. Essa inter-relação com professores em formação, e especialmente com a professora orientadora do estágio, é um campo de infinitas possibilidades de aprendizagens. É, também, um espaço para a reafirmação de conhecimentos construídos pelos educadores da creche, ao longo de muitos anos de trabalho com as crianças.

Um fato emblemático aconteceu com um grupo de estagiárias ao observarem a prática do trabalho em pequenos grupos que ocorria nas turmas de crianças maiores. O grupo constatou que, mediante essa forma de organização, ampliava-se a possibilidade de observação das crianças e de suas aprendizagens e reduzia-se o tempo de espera, favorecendo o envolvimento, a autonomia e as interações entre as crianças. Dizem as estagiárias: "A prática dos professores demonstrou que trabalhar em pequenos grupos proporciona ao educador uma maior percepção das necessidades e dos desejos das crianças, tornando o dia a dia na creche, as brincadeiras, as experiências e os aprendizados mais significativos" (Souza *et al.* 2006, p.5). No projeto daquele estágio, então, lançaram o desafio de trabalhar em pequenos grupos com todas as turmas. Dessa forma, indicaram a importância do trabalho já desenvolvido pelos educadores, proporcionando a valorização de sua prática.

Representa muito para uma instituição de educação infantil poder contar com a universidade para ajudá-la a pensar sobre suas inquietações, bem como para "aprofundar os saberes". Com essa aproximação é possível descaracterizar a afirmação de que a "teoria está longe da prática". Ao contrário, afirma-se a ideia de que "a prática é uma teoria em ato".

O estágio na creche: Ações, conquistas e aprendizagens

Há muito o que desvendar no trabalho com crianças pequenas, e o estágio representa uma oportunidade ímpar para construir caminhos de conhecimento sobre a infância e as crianças com as quais convivemos, educando e cuidando. Na nossa experiência, diversos e significativos temas estiveram em cena, provocados pelos projetos de estágio: brincadeiras, interações, organização do espaço e trabalho em pequenos grupos. É desses temas, transformados em ações, conquistas e aprendizagens, que trataremos a seguir.

Olhares sobre a brincadeira

Se brincadeira é coisa séria, precisamos questionar o quanto, em nossas instituições, ela é ampliada, planejada e reconhecida como uma das formas de a criança conhecer e interpretar o mundo.

Sabemos que as crianças precisam brincar, que gostam de brincar, e que brincam. Mas como saber do que brincam, como brincam, com o que e com quem brincam? Os registros escritos e fotográficos, utilizados pelas estagiárias, foram fundamentais para a ampliação dos nossos saberes sobre as crianças e suas brincadeiras. As crianças falam, apontam, mostram, e o registro apresenta-se como uma possibilidade de revelar formas de ver e refinar olhares. Nesse caso, o estágio trouxe para a instituição aprofundamentos não apenas teóricos, mas também metodológicos.

Observando e registrando, as estagiárias descobriram, em pouco tempo, muitas coisas sobre as crianças:

> Que elas gostam de desafios, descobrir suas capacidades, gostam de música, cantar, dançar, gostam de helicópteros e aviões, gostam de ouvir histórias, gostam do lobo, de massinha de modelar, de riscar, desenhar, gostam do boi-de-mamão, de pipa, não gostam de arroz-doce e acima de tudo são crianças curiosas, prontas a qualquer momento a descobrir e vivenciar coisas novas. (Seemann e Silva 2004, p. 9)

Localizaram, também, dúvidas e questões que perpassam a presença da brincadeira na educação infantil:

> Achávamos que as crianças só brincavam, como se necessitassem de outras atividades para aprender, atividade de folha, de copiar (...) pensamentos que mudaram após leitura dos nossos registros, pois na verdade as crianças apontavam o tempo todo que aprendiam brincando também. (Martins e Rocha 2004, p. 9)

Quantos educadores têm dificuldade em reconhecer a brincadeira como momento de aprendizagem? Muitos se recusam a admitir isso e no dia a dia acabam não planejando a brincadeira, deixando que ela aconteça sem intencionalidade. Privilegiando a "hora da atividade" como um momento pedagógico por excelência, muitas vezes só permitem que a brincadeira aconteça nos intervalos entre uma atividade e outra, ou quando se destituem de sua função de mediador. Nesse caso, depoimentos das estagiárias, como aquele antes citado, revelam concepções e podem provocar discussões e reflexões sobre a prática dos educadores da creche.

Favorecendo as interações

Não há dúvida de que toda instituição deve procurar refletir sobre suas ações. Se tivermos parceiros que nos ajudem a pensar, reconhecendo e valorizando o que já estamos fazendo, certamente teremos mais motivação para avançar e inovar. Foi o que aconteceu em outro estágio, quando já tínhamos um projeto que pretendia favorecer as interações entre as crianças dos diferentes grupos. Pensamos em formas que potencializassem os momentos de encontro e troca de vivências das crianças na creche. Mas o que já sabíamos sobre as interações – especialmente sobre as interações nos momentos de parque e alimentação? Com a parceria desenvolvida no estágio, criamos condições que permitiram ampliar o foco da ação. Esse movimento é relatado pelas estagiárias:

> No ano da realização do nosso estágio, a creche estava concentrando esforços no "projeto de interação", pretendendo com o mesmo cercar o princípio da interação (...) como valorosa para as relações pedagógicas nas instituições de educação infantil. Tínhamos, então, a chegada e a saída das crianças pensadas e organizadas coletivamente no pátio central, assim como estratégias foram sendo criadas e amadurecidas para trocas mais qualificadas e ricas entre os diversos grupos nos momentos de alimentação e parque. (Coelho *et al.* 2005, p. 3)

Assim como aponta Oliveira (1995), sabemos que é nas interações sociais que as crianças constroem e compartilham conhecimentos. Esses conhecimentos nem sempre são explícitos. Trata-se muitas vezes de aprendizagens múltiplas, como são múltiplas as linguagens da criança, como aparece neste breve registro: "Gabriel brincava com um menino do berçário; pegou uma boneca, colocou na frente do garoto, dizendo 'a boca' e apontava para a boca da boneca, 'a orelha' e apontava" (Coelho e Kreuch 2005).

> A interação entre as crianças é, para além de uma condição fundamental do desenvolvimento de relações e de laços de sociabilidade – e, por isso, um dos mais importantes factores de "educação oculta" das crianças – o espaço onde se estabelecem os valores e os sistemas simbólicos que confirmam as culturas infantis. (Corsaro, *apud* Agostinho 2003, p. 130)

Esses ricos momentos de troca podem ser potencializados com a intencionalidade do educador. As crianças, na brincadeira, constroem espaços e cenas, demonstrando o quanto já sabem. Quando se trata de bebês, às vezes nos perguntamos: o que sabem e como construíram esse conhecimento? As estagiárias, com o olhar atento, percebem e relatam:

> Observo que crianças como a Ana Beatriz gostam de escolher suas brincadeiras, e também imitar os adultos, pois, já percebi algumas vezes a Ana embalando as bonecas como se estivesse fazendo-as dormir. Também gosta de brincar no parque com loucinhas plásticas, como se estivesse fazendo comida com areia do parque; ela cava do chão e coloca nas panelinhas e pratinhos plásticos. Ana Beatriz é um bebê de um ano e um mês e gosta de brincar bastante no parque e na sala, mesmo sozinha ela brinca muito. Está sempre andando de um lado para outro procurando brinquedos ou algo para brincar. Vejo-a como uma criança bem autônoma em suas escolhas por brinquedos e brincadeiras, mesmo que ainda seja muito pequena. (Pereira 2005, p. 20)

Foi durante esse mesmo estágio que estudamos o texto "Comida, diversão e arte" (*in* Oliveira 1995), sugerido pela professora orientadora do estágio, leitura que nos ajudou no processo de ampliação do planejamento do espaço do refeitório. Nessa mesma época, as estagiárias propuseram que as crianças de vários grupos se sentassem juntas. A proposição das estagiárias – que também foi de certa forma uma provocação ao grupo de educadores – fez com que "tomássemos" o refeitório nas mãos: criamos uma comissão e várias ações, relacionadas ao espaço e ao uso do local, foram desencadeadas. Hoje dizemos que diariamente "usamos roupa de domingo": sobre as mesas – que, diga-se de passagem, recebem toalhas de pano – são colocados enfeites, deixando tudo mais bonito e convidativo. Há também "personagens" que vêm até esse espaço para oferecer saladas e frutas. Muita coisa mudou, e a lição que podemos tirar é a de que:

> (...) as condições de um rico ambiente interacional referem-se, especialmente, à existência de parceiros envolvidos afetivamente com a criança e disponíveis para interagir com ela, o que inclui os adultos e as outras crianças da creche, e também a presença de suportes ambientais que favoreçam a interação. (Ferreira 2004, p. 65)

Organização do espaço

A prática da educação infantil fundamenta-se na organização do espaço e do tempo. Como educadores, nosso principal papel nas instituições de educação infantil é proporcionar e pôr em cena ações intencionais de ampliação e diversificação das experiências das crianças. E como ampliar e diversificar experiências sem considerar também os espaços onde tudo acontece? Em algumas salas já tínhamos a organização de "cantinhos"; outras ainda permaneciam como "grandes salões". Um dos estágios focou a observação nessa temática, e, por meio dela, confirmamos o que aponta Zabalza (*apud* Matos e Silva 2003, p. 51):

> As zonas circunscritas favorecem a promoção e a manutenção das interações entre as crianças pequenas. Essa facilitação ocorre em função da diminuição da probabilidade de interrupção da atividade por outras crianças ou pela educadora, o que é freqüente em arranjos abertos. Ademais, as zonas circunscritas, favorecendo proteção ou privacidade, favorecem à criança focalizar sua atenção tanto na atividade que está sendo desenvolvida bem como no comportamento do parceiro, requisitos essenciais para ocorrência de interação entre coetâneos, sobretudo com idade inferior a 3 anos.

Contrariamente ao que aponta esse autor, em nossa creche foi nos grupos de crianças menores que encontramos maior dificuldade, ou até resistência, em utilizar uma disposição de espaço diferenciada.

É o que contam as estagiárias do grupo do berçário quando relatam a forma como a sala estava organizada. Com o objetivo de proporcionar mais autonomia e interação entre as crianças, elas estruturaram a sala em dois ambientes bem definidos. Houve resistência, como já foi dito, mas, com a proposição das estagiárias, o espaço passou a ser visto como um elemento a ser planejado. Como aponta Oliveira (1992), tanto a montagem quanto o sucesso dos espaços montados, no sentido de proporcionar um maior número de brincadeiras, dependem fundamentalmente dos educadores, que devem observar a maneira como as crianças utilizam o que foi proposto e realizar, a cada oportunidade, novos planejamentos e alterações de acordo com os interesses delas.

> Durante nossas coordenações, tentamos variar as temáticas em cada cantinho. Ora organizamos o espaço para a brincadeira de casinha, ora para fantasia, ora para música (...) oferecendo a oportunidade de explorar outros espaços e materiais, bem como a possibilidade de contato com outras linguagens. Com isso buscamos não só ampliar, mas principalmente enriquecer as experiências vivenciadas pelas crianças. (Souza e Weiss 2007, p. 34)

Ao organizarmos os espaços para as crianças, devemos ter em mente seu direito à brincadeira, à atenção individual, a locais aconchegantes, seguros, estimulantes, aos movimentos em espaços amplos e ao contato com a natureza (Brasil 1995). É preciso ter claro que:

> (...) um espaço e o modo como é organizado resultam sempre das idéias, das opções, dos saberes das pessoas que nele habitam. Portanto, o espaço de um serviço voltado para crianças traduz a cultura da infância, a imagem da criança, dos adultos que o organizam, é uma poderosa mensagem do projeto educativo concebido para aquele grupo de crianças. (Faria 1999, p. 85)

O trabalho em pequenos grupos

O estágio não é então um momento de aprendizagem com via de mão única. Todos têm possibilidades de aprender e de ensinar, mas é preciso desejar. Podemos aprender com nossos pares, com autores, com pesquisas, e especialmente com as crianças. É dessa forma que os educadores de Reggio Emilia têm realizado suas maiores aprendizagens. De posse de ferramentas como a documentação e o registro, chamam a atenção para a necessidade do trabalho em pequenos grupos. Malaguzzi (1999, p. 99) afirma que "(...) esse arranjo permite boas observações e o desenvolvimento orgânico de pesquisas sobre a aprendizagem cooperativa, bem como sobre a permuta e a divulgação das ideias". Nessa relação, após uma proposição a um pequeno grupo de crianças de dois anos, as estagiárias observam e registram:

> Kauã brincava sozinho, deitado em cima do plástico com a argila em frente, bem à vontade. Fellipe também brincava sozinho, sentado

> "alisando" a argila com muita concentração. Até que ele resolveu tentar erguê-la, fez força (...) Kauã então se levantou, foi até o amigo e resolveu ajudá-lo. Os dois fizeram força juntos e conseguiram erguê-la, como um belo e glorioso troféu! (Rosa e Lopes 2007, p. 20)

O trabalho em pequenos grupos realmente possibilita a ampliação e o enriquecimento das experiências vividas pelas crianças. Podemos estar mais atentos a seus movimentos, a suas ações e a todas as suas formas de "falar". Podemos escutá-las e vê-las melhor. Prestar atenção enquanto criam e recriam, enquanto constroem e destroem, enquanto conhecem e estranham, enquanto descobrem e redescobrem o mundo que as cerca e os jeitos de "ser" humanos.

> O adulto que não percebe o caminho do conhecimento sendo construído pelas crianças – na dinâmica de um ir-e-vir constante, na euforia de suas descobertas, na experimentação, reveladas com o corpo inteiro, intenso, todos os sentidos – facilmente qualificará de bagunça esse processo poeticamente vivido. (Ostetto 2007, p. 39)

Como podemos perceber, o estágio permite aos educadores estabelecer um contato direto com o conhecimento produzido e sistematizado nas universidades. Essa relação próxima permite a reflexão da prática pedagógica da creche. Como assinalou uma professora coordenadora de estágio, conversando com um grupo de estagiárias e profissionais da instituição, "esse é o objetivo do estágio: provocar a reflexão, fomentar a pergunta, desnaturalizar, romper com o eterno".

Quando a creche propõe

Continuando a falar do estágio como espaço de troca e partilha, espaço de formação, torna-se necessário destacar momentos em que, de forma mais visível, a creche ofereceu às estagiárias oportunidades para a integração aos projetos que desenvolve com seus educadores.

Numa perspectiva de viver as múltiplas linguagens com as crianças, uma das evidências apontadas pela área da educação infantil consiste na necessidade de aproximar o educador da arte. Consideremos as questões: como o educador pode ver as diversas formas de expressão das crianças com as quais convive, se ele só se expressa pela linguagem oral? E como acordar outras tantas linguagens adormecidas no adulto? Sabemos que ninguém pode dar aquilo que não tem. Focados nesse princípio, temos buscado uma aproximação ao olhar sensível e à experiência estética. Para isso, temos desenvolvido na creche, a partir de 2002, um projeto que prevê momentos de formação teórica e outros de vivências práticas (Broering 2008). Buscamos uma "sensibilização do olhar", pois

> (...) sensibilizar o movimento, o olhar e a escuta do professor contribuirá, sobretudo, para torná-lo um sujeito mais aberto e plural, mais atento ao outro; ampliará seu repertório e, conseqüentemente, seu acervo para criação – uma vez que só se cria a partir da combinação de elementos diversos que se tenha – tornando sua prática mais significativa, autoral e criativa. (Leite e Ostetto 2004, p. 23)

Esse projeto, que possui uma ação intitulada "Vamos ver o que tem lá fora", trata da organização de saídas para lugares nos quais os educadores tenham uma aproximação ou com a arte ou com os recursos naturais. A história dessa busca por entrar em contato com outras linguagens registrou, em 2006, um acontecimento muito especial. As estagiárias já estavam na instituição quando a organização da viagem, a 26ª Bienal Internacional de Artes, estava sendo discutida pelo grupo de educadores. Nas reuniões, na hora do lanche, os comentários sobre a viagem foram motivando as estagiárias, aguçando seu desejo de participação. A viagem a São Paulo estava sendo organizada pela instituição, cabendo à supervisora da creche e à professora de estágio realizar a articulação para que as estagiárias participassem dessa vivência.

Quantas aprendizagens podem ser construídas em dois dias e três noites, dividindo-se os tempos e os espaços? Foram muitas as aprendizagens, marcadas, também, pela aproximação entre educadores e estagiárias. Com esses projetos e encaminhamentos temos procurado criar um ambiente que busca, na formação do educador, um ser completo, o que também desejamos para nossas crianças. A formação do educador na creche, que é o local onde as coisas acontecem, aliada à reflexão da prática e à abertura para o novo, pode evitar que ele se torne escravo de uma rotina mecânica. Nessa experiência, as estagiárias, completando sua formação inicial, vivenciaram com os educadores da creche "o novo": saindo da ilha para a metrópole, compartilharam o encantamento diante de uma obra de arte original, o encontro com os mistérios da língua portuguesa e o estranhamento diante da irreverência da arte contemporânea. Novas linguagens.

Registro e documentação: Uma experiência em processo

A importância do registro já estava posta para nós, tendo sido até mesmo tema dos grupos de estudo na instituição. Após a leitura e a discussão de alguns textos sobre documentação e registro, iniciamos o que propunha o nome do grupo: "educar o olhar da observação". Criamos uma estratégia pela qual um educador observava e registrava a prática do outro, na relação e no encaminhamento do trabalho com as crianças. Esses registros eram lidos e debatidos nos encontros de estudo. A dinâmica previa algumas regras para deixar tanto o observador quanto o observado mais à vontade. Entre outros pontos, combinamos que a professora que seria examinada é quem definiria os pontos a serem observados. As professoras trabalhavam em dupla, para "melhor escutar e ver" as crianças; após esses momentos, as parceiras se sentavam para conversar sobre os registros colhidos.

Quando estudamos, parece que vamos "colocando coisas no depósito". Foi mais ou menos isso o que aconteceu. Os conteúdos e temas de nossos estudos foram se transformando em bagagens e ampliando nossa compreensão sobre os processos de observação e registro, mas ainda não moviam a nossa prática. Quer dizer, não tínhamos conseguido estabelecer uma relação direta com o cotidiano ou com as formas de utilizar essas ferramentas na prática. O estágio tem-nos ajudado a tomar nas mãos esses instrumentos metodológicos.

Nessa direção, a proposta de estágio que privilegiou o exercício do olhar e do registro sobre os movimentos da criança foi muito significativa. Trouxe para o primeiro plano a necessidade de criar possibilidades de analisar e ver de forma ampliada os movimentos das crianças e seu dia a dia na creche, o que, sem esse direcionamento, poderia passar despercebido. O foco estava centrado na observação das falas, das ações e das interações entre criança e criança, criança e adulto. Os registros das atividades, realizados pelas estagiárias e pelos professores, eram discutidos em encontros com a supervisão da instituição e a coordenação do estágio. As estagiárias traziam seus registros, com as sínteses do que era recorrente, e as conversas aconteciam. Discutíamos sobre o que as crianças nos estavam mostrando, sobre o que nosso olhar apontava e, baseados nesses dados, replanejávamos nossas ações.

O que se destaca nessa proposta é a documentação, pelo tanto que contribui para o referencial do professor. Como afirmam Gandini e Edwards (2002, p. 152), a documentação é muito importante para o professor conhecer as crianças:

> Através da observação e da escuta atenta e cuidadosa às crianças, podemos encontrar uma forma de realmente enxergá-las e conhecê-las. Ao fazê-lo, tornamo-nos capazes de respeitá-las pelo que elas são e pelo que elas querem dizer. Sabemos que, para um observador atento, as crianças dizem muito, antes mesmo de desenvolverem a fala.

Como as crianças ocupam os diferentes espaços da creche? Com essa questão reiniciamos os estágios, com uma nova proposta, um exercício novo tanto para a instituição quanto para a academia. Como afirmam estas estagiárias:

> Fundamentadas no intento principal de conhecer os modos de ser/viver das crianças, e sua relação com o espaço da creche, propúnhamo-nos a conversar com as professoras e equipe pedagógica sobre as evidências encontradas. (...) Estes momentos residiram em verdadeiro desafio para a nossa formação acadêmica e, acreditamos, também para a prática das professoras em questão. (Machado e Bombassaro 2003, p. 85)

Constatamos, nesse estágio, o que os estudos teóricos e as pesquisas já apontavam: os registros realmente favorecem uma maior compreensão do universo infantil. E, como dizem as estagiárias, "por meio deles passamos a entender e a conhecer melhor as linguagens das crianças e seu comportamento nos diferentes espaços da creche. As crianças mostraram o que poderia ser modificado, o que elas precisam para ampliar suas brincadeiras" (Souza e Souza 2003, p. 37).

Podemos dizer que, quando a prática "fez a pergunta", a teoria acabou fazendo mais sentido. Havíamos estudado um pouco sobre o assunto, mas seguramente após a vivência do estágio é que pudemos confirmar a necessidade de realizar o registro e a documentação.

Assim, movidos por esse desejo, depois do referido estágio construímos o que chamamos de "cadernos coloridos" para a realização de registros das vivências de nossas crianças. Esses cadernos foram utilizados pelos profissionais que trabalhavam em cada um dos grupos, para registrar as observações de momentos, fatos e situações individuais ou coletivas. A contracapa do caderno explicitava seu objetivo:

> A história dessas crianças, escrita com vários olhares, pretende facilitar a visualização dos seus cotidianos, das suas brincadeiras e interações. Poderá ser, também, uma fonte de pesquisa para o profissional responsável pelo registro da semana. Sabemos que as crianças "falam" através de várias linguagens... Como saber o quanto elas vivem de suas infâncias com os espaços e atividades que estamos organizando? Como saber sobre o que conhecem, sobre seus desejos e necessidades? Como saber sobre como se sentem com a maneira como temos marcado os seus tempos e seus espaços no cotidiano? (...) Buscando fatos reveladores na observação e nos registros, estaremos resgatando a nossa autoria e podendo marcar, com maior eficácia, nossa intencionalidade pedagógica nos próximos planejamentos. Como grãos de areia que compõem imensas dunas. Como gotas que formam as chuvas (...) Nossos "cadernos coloridos" terão (...) vários registros que poderão ser fontes reveladoras e construtoras de uma infância ainda mais completa e feliz (...).

Esses cadernos representaram mais uma tentativa de potencializar os registros. Foram utilizados durante aquele ano e seguiram com o grupo no ano seguinte. Sem dúvida, o exercício de escrever nos cadernos foi uma valorosa ferramenta coletiva para avaliações e replanejamentos. Eram vários olhares sobre as mesmas crianças, mas tanto escrever quanto analisar o material escrito demandavam disciplina, desejo, envolvimento. Alguns fatores contribuíram para que essas ações não frutificassem; destacamos a grande rotatividade de professores, as faltas e a jornada de trabalho excessiva. Os cadernos coloridos não continuaram, mas demonstraram sua validade, o desejo de retomada, bem como a certeza de que através dos registros e da documentação poderemos ampliar nossos conhecimentos sobre as crianças e as infâncias.

Assim, na continuidade do processo, por ocasião de mais um estágio, firmou-se o espaço de troca e partilha, espaço de formação, entre educadores e estagiárias. Buscando, essencialmente, marcar a necessidade de exercitar a autoria, algumas citações retiradas de um projeto de estágio (Souza *et al.* 2006) foram utilizadas para leitura e debate, numa dinâmica realizada com o grupo de educadores da creche. Por que as citações foram retiradas daquele projeto de estágio? Por sua pertinência, porque as citações assinalam a autoria das estagiárias, e a ideia era intensificar nossos registros. E falar de registros é falar de documentação e de autoria. Dessa forma, naquele momento, quando nos deparamos com a escrita reflexiva de nossas estagiárias, relativa a questões significativas como planejamento, postura profissional, múltiplas linguagens, espaço e documentação, pudemos acreditar na possibilidade de também escrever sobre aquilo que fazíamos e pensávamos.

Entre as citações retiradas do referido projeto de estágio para discussão, há uma importante reflexão sobre a documentação:

> Documentar é papel indispensável ao educador. Pois lhe permite ler e perceber os movimentos de cada criança e do grupo como um todo. Dessa forma, a documentação deve tornar-se uma prática diária como instrumento de reflexão do cotidiano. Dentro de tudo isso, Carolyn Edwards, no livro das *Cem linguagens da criança*, coloca que a professora age como a "memória" do grupo. Assim, deverá prestar atenção às atividades realizadas pelas crianças "facilitando" a aprendizagem não no sentido de "tornar fácil ou

> leve", mas, ao contrário, procurando "estimular", tornando os problemas mais complexos, envolventes e excitantes, ou seja, provocando cada vez mais novas idéias e descobertas. (Souza *et al.* 2006, p. 33)

Após a leitura em pequenos grupos, realizamos um debate sobre as ideias e reflexões trazidas pelas estagiárias. Falamos também sobre a autoria e a necessidade de aprofundarmos nossas análises sobre documentação e registro, nos grupos de estudo que se encontram uma vez por semana, dos quais participam todos os segmentos que trabalham na instituição.

Motivados pelas questões levantadas pelo estágio do último ano, e apoiados no projeto de extensão que conseguimos firmar com a UFSC, era hora de atingirmos nosso objetivo e utilizar esses encontros para o aprofundamento teórico acerca da documentação e dos registros.

Iniciamos realizando a leitura e a discussão de alguns textos; com o passar do tempo, avaliamos que já era hora de trazer para os encontros nossos próprios registros, acreditando que sua socialização poderia suscitar outras reflexões. Ficou combinado que todos trariam seus registros e, durante o encontro, conforme o desejo, seria feita a leitura ou apresentação. Um momento muito especial aconteceu durante esse exercício de socialização. Ana Maria, uma cozinheira que se encontrava readaptada na lavanderia, trouxe, numa folha dobradinha na mão, o registro de um momento em que estivera com as crianças no parque. A princípio ela não queria ler, mostrava-se envergonhada e dizia que achava que estava "errado". Depois, diante da insistência de todos do grupo, ela se dispôs a ler. Ana Maria leu, com voz acanhada, o seguinte registro:

> Eu estive no parque, olhando as crianças. Observei as crianças que brincavam. Umas corriam, outras cantavam. Outras brincavam de fazer castelo na areia. Eu perguntei para a Lara o que ela estava fazendo. Ela falou: – Estou brincando de cozinhar, estou fazendo bolo de morango e suco de laranja. No copo tinha areia que era o suco de laranja, a forma cheia de areia era bolo de morango. Outras meninas brincavam de fazer túnel e caminho com areia. Eles falaram:

– Olha professora fui eu que fiz! O Juliano me chamou de vó e me pediu para empurrar o balanço. Outras crianças escorregavam no escorregador e diziam que era uma trilha. Se escondiam embaixo da barra amarela, era muito divertido. Me chamaram de professora, de vó, foi muito legal. Gostei muito. Outra coisa achei engraçada, a Lara me falou: – Chega mais pra trás senão vai esquentar a tua bunda. Começamos a rir junto. (Ana Maria Fernandes – 11/6/07)[2]

Após a leitura de Ana Maria, todos nós a aplaudimos e a parabenizamos. Quisemos então saber como ela havia elaborado aquele registro. Ela nos disse que a escrita acontecera em casa. Ana resolvera observar as crianças e, do que vira, guardara "tudo na cabeça"; ao chegar em casa, escrevera com riqueza de detalhes o momento que vivenciara entre as crianças no parque. Após toda a euforia gerada pela produção de Ana Maria, passamos a identificar no registro realizado por ela dados que entendemos que aquelas anotações apontavam.

Esse exercício de reconhecimento de uma autoria, que foi iniciado em 2007 com a utilização da escrita das estagiárias da UFSC, está sendo levado adiante por nossos educadores. Em um outro artigo (Broering 2008), incluímos o registro de uma auxiliar de sala; não é por acaso, portanto, que o registro da "dona Ana", como é carinhosamente chamada por todos, está aqui. O fato de ter "ousado" registrar sua vivência no parque com os pequenos e, especialmente, o fato de ter "ousado" ler seu registro para o grupo deixaram-na muito feliz. Hoje ela diz que é "uma nova mulher". Recentemente, em uma reunião pedagógica, ela afirmou: "Antes eu achava que não precisava mais aprender; agora eu estou gostando de saber das coisas". Foi mais uma vez aplaudida quando falou para três colegas que ainda não participaram dos grupos: "E vocês também deveriam participar, porque é muito bom". São casos como esses que nos encorajam como coordenadores, e que servem de exemplo para educadores que, muitas vezes por receio, não realizam ou não socializam seus registros.

---

2. Esse registro foi incluído ao texto após expresso consentimento da autora. Os nomes das crianças foram substituídos como forma de preservar a identidade delas.

São "novos tempos". Para alguns educadores, esse outro perfil profissional ainda necessita ser construído. No nosso caso, a constituição desse perfil não se dá de forma descolada – a construção da necessária superação acontece em processo; dessa forma, com essa aproximação com a universidade, temos conseguido potencializar esse espaço privilegiado de "formação em serviço".

O medo muitas vezes nos domina. O que está escrito parece que tem muito mais valor. Poderemos ser cobrados por isso. Ser responsabilizados, julgados. Não sabemos de onde nasce essa insegurança; percebemos apenas que ela nos ronda e às vezes nos paralisa. Mas adultos e crianças "aprendem fazendo", por isso o educador precisa necessariamente exercitar a escrita. Será sem dúvida perseguindo o "não consigo", exercitando, fazendo, lendo e relendo que acabará "aprendendo".

7

O ESTÁGIO CURRICULAR NO PROCESSO DE *TORNAR-SE PROFESSOR**

Luciana Esmeralda Ostetto

Desejava algo melhor do que transformar-se?
Rainer Maria Rilke, *Cartas a um jovem poeta.*
São Paulo: Globo, 1998, p. 68

Tomo os processos de formação docente como jornada de expansão do "ser professor"; por isso mesmo, eles pressupõem caminhos de autoconhecimento; caminhos na direção da integração de pólos que, culturalmente, se desconectaram: cognição e afeto, razão e emoção, pensamento e intuição (Ostetto 2006b). Como nos diz Furlanetto (2003, p. 13), na atualidade "os subsolos da docência começam a ser explorados. A crença de que o professor constitui-se como docente somente a partir de cursos de formação inicial e contínua vai sendo substituída por uma percepção mais ampla dos processos formativos". Dessa forma, chamo a atenção para a necessidade de reconhecer dimensões essenciais da vida, relacionadas

* Artigo apresentado (em sua primeira versão) como comunicação ao 1º Congresso Internacional em Estudos da Criança, realizado de 2 a 4 de fevereiro de 2008, na Universidade do Minho (Braga, Portugal).

ao "tornar-se professor": o contato com o novo e com o desconhecido, dentro e fora de cada um. Ao falar de estágio curricular, trago, pois, para o primeiro plano, o humano do ser e do fazer-se professor, o que significa considerar materiais e conteúdos repousados no "subsolo", acreditando que, para além do que se pretende ensinar àquele ser em formação, diferentes aprendizagens se constituem, pois inúmeros elementos atuam nessa jornada.

A formação do professor envolve muito mais que uma racionalidade teórico-técnica, marcada por aprendizagens conceituais e procedimentos metodológicos. Há, no reino da prática pedagógica e da formação de professores, muito mais que domínio teórico, competência técnica e compromisso político. Lá estão histórias de vida, crenças, valores, afetividade, enfim, a subjetividade dos sujeitos implicados. Como destacou Pacheco (*apud* Furlanetto 2003, p. 12), "o modo como cada professor enfrenta uma situação didática depende muito de sua individualidade psicológica, a partir da qual a interpreta e lhe atribui significados". Como consequência, afirmamos a necessidade premente de o professor, em seu processo de formação, olhar para si, buscando conhecer-se; entregar-se ao processo de autoconhecimento, responsabilizando-se por sua própria educação.

Se, como nos provoca a pensar Jorge Larrosa (2003), a experiência formativa é "uma chamada que não é transitiva. E, justamente por isso, não suporta o imperativo, não pode nunca intimidar, não pode pretender dominar aquele que aprende, capturá-lo, apoderar-se dele" (p. 53), o estágio, como parte do processo formativo dos professores, não pode ser outra coisa senão uma aventura pessoal, o que pressupõe escolhas e envolve viagens interiores e exteriores. Não é apenas fazer, dar conta do conteúdo, planejar e executar um plano de ensino perfeito, lindo e maravilhoso, com ideias inovadoras. É abrir-se para a escuta do que ordinariamente nos escapa, é aventurar-se a ir além dos hábitos de pensar e fazer: à procura da própria voz, em busca de um caminho autêntico, singular.

O estágio curricular deve ser encarado como uma jornada rumo a si mesmo. Por quê? Porque, quando a estagiária entra em contato com a instituição educativa, descortina-se à sua frente um contexto de relações tão complexas e específicas que a empurram para si mesma. Isso não se dá no sentido de isolá-la, de deixá-la só; ao contrário: ao entrar em contato com o outro, o diferente – instituição, crianças, educadores, profissionais em geral –, cada pessoa pode "se ver" e, dessa forma, aprender mais sobre si mesma.

Em tal processo, atitudes, ações, reações, limites, qualidades, dificuldades, facilidades, sentimentos – o outro lado do que normalmente se mostra – podem vir à tona, manifestando-se e indicando um profícuo caminho de aprendizagem; caminho que, ao ser trilhado, amplia o olhar: à medida que eu me vejo, posso melhor ver e compreender o outro.

A necessidade de olhar a criança, de observar as diferentes crianças com as quais o professor trabalha, tem-se convertido em princípio educativo. Porém, mirar a criança real e concreta à sua frente, não raro, é difícil para o professor, tantas vezes acostumado a ver as imagens idealizadas e universais das crianças que aparecem nos manuais de psicologia ou de pedagogia. Olhar as crianças e revelar crianças, na sua singularidade, é princípio da ação pedagógica do tempo presente que já "descobriu" a criança e "celebra" a infância. Neste tempo, portanto, emerge um aspecto essencial para a formação do professor: aprender a olhar, ampliando o foco da visão, mirando na diversidade por meio da sensibilidade que acolhe as diferenças.

É preciso aprender a ver além do aparente, a construir um olhar implicado. Para o professor, que exerce uma profissão essencialmente relacional, é particularmente importante esse movimento de vaivém: estar com o outro, ver o outro – as crianças, os colegas, as famílias, o mundo ao redor – e enxergar-se. Trata-se de algo necessário e ao mesmo tempo delicado. Não é coisa que se aprenda em uma lição, em um livro ou um manual de técnicas. É fundamentalmente atitude que se aprende estando com o outro, os outros, na dinâmica do cotidiano educativo. Logo, é tarefa para a vida inteira.

É neste ponto que destaco a importância de o professor, na sua formação, reencontrar-se com porções esquecidas do *ser*, ao que tenho chamado de encontro com *sua criança* (Ostetto 2006b). Como nos diz Jung (1998, p.175), "(...) no adulto está oculta uma criança, uma criança eterna, algo ainda em formação e que jamais estará terminado, algo que precisará de cuidado permanente, de atenção e de educação". Ademais, como alguém poderá acolher o *outro fora de si* se não acolhe o *outro interno*?

Muitas vezes é esse *outro interno*, sofrido ou satisfeito, que é repelido ou celebrado por meio daquelas crianças-alunos com as quais o professor convive. Com isso estou dizendo, juntamente com Furlanetto (2003), que tomar contato com conteúdos inconscientes é essencial no processo de tornar-se professor, principalmente porque seu ofício se dará em relações. Exercício de alteridade é o que nos aponta o processo: as crianças-alunos são *outros* que o professor precisa reconhecer como tais para poder estabelecer relações saudáveis. O diálogo é pressuposto e, na mesma medida, é tão difícil realizá-lo.

> É espantoso constatar o quão diminuta é a capacidade das pessoas em admitir a validade do argumento dos outros, embora esta capacidade seja uma das premissas fundamentais e indispensáveis de qualquer comunidade humana. (...) Na medida em que o indivíduo não reconhece o valor do outro, nega o direito de existir também ao "outro" que está em si, e vice-versa. A capacidade de diálogo interior é um dos critérios básicos da objetividade. (Jung 1984, p. 89)

No estágio curricular – experiência demarcada com começo e fim previstos no calendário acadêmico, na qual as estagiárias estão inseridas em contextos educativos singulares, seja na escola, seja na educação infantil –, o exercício de olhar para si mesmo – de descobrir-se para, então, ver e descobrir o outro – é uma rica possibilidade. Porém, é sempre bom lembrar que, embora essa possibilidade exista para todos, isso não quer dizer que para todos as coisas se darão da mesma forma. Há de haver o desejo, vislumbrando o tempo-espaço do estágio como um tempo-espaço de aprendizagens sutis, que vão além de saber um conteúdo específico, de conseguir o famigerado "domínio de turma" ou de oferecer novas atividades para os "alunos".

Seguindo a linha de pensamento assumida neste texto, eu diria que, no estágio, não está em jogo o aprendizado de uma metodologia, de um saber-fazer determinado, mas um "saber sobre si", traduzido no processo de autoconhecimento que se abre da vivência interativa, para a percepção de limites e possibilidades. O reconhecimento da falta é que provoca o desejo da busca.

Qualquer processo de autoconhecimento e de formação pressupõe mudança, transformação. Estariam as estagiárias dispostas ao aprendizado de “sair de si” para encontrar-se? Teriam consciência de que o estágio, para ser afirmado como um caminho de formação, inevitavelmente implica transformar-se? Nesse caso, volto-me ao exercício de mapear algumas atitudes identificadas nos estágios por mim orientados.

Há pessoas que chegam para o estágio com postura de superpotentes (seja porque já são professoras, seja porque são expansivas e confiam em sua própria atuação); outras chegam como impotentes (pelo fato de ainda não terem contato com crianças, desconfiam de sua “habilidade”); algumas chegam às instituições encarando o real, outras fazendo de conta (como a pensar: “é só estágio, logo acaba”); ou estão preocupadas em planejar atividades diversificadas (“novidades são essenciais!”), ou interessadas em se relacionar com o contexto mais amplo (a dinâmica do cotidiano da creche, da turma, de cada criança). Depois, no processo, como consequência, há aquelas que percebem as polaridades constituídas, os altos e baixos do percurso vivido, elaborando análises mais “realistas”; outras acabam o ciclo fechando a análise, construindo um parecer absoluto e limitado: “deu tudo errado” ou “deu tudo certo”, “foi caótico!” ou “foi maravilhoso!”; algumas revelando a aposta na ação, no fazer individual, outras afirmando a importância da relação, do fazer compartilhado, da troca.

Retomo as palavras de um grupo de estagiárias que falam sobre o estágio curricular na educação infantil e, no seu testemunho, revelam uma visão que capta as dimensões implicadas no processo, afirmando a aprendizagem que pode acontecer quando nos colocamos em busca, disponíveis para o encontro com o desconhecido. Assumem que o medo, a insegurança, a incerteza, aquele outro lado que em geral nos escapa ou que preferimos negar, fazem parte do processo de constituir-se educadora. Para mim, nomear tais elementos, ou seja, trazê-los à consciência, franqueia o caminho para o autoconhecimento.

> Ao falarmos um pouco sobre aquilo que vivemos no estágio, é preciso dizer que nem tudo foi fácil. Houve momentos em que a tristeza, o desânimo, a insegurança e também a tensão bateram forte. E, por que não falar que esses momentos causaram também desespero, dor, desalento... (...) Em todo esse tempo vivido, a creche como um todo se mostrou aberta e disposta. Aberta para

> novas aventuras e disposta a ensinar e aprender. (...) Aprendemos muito, sobre muitas coisas, e sobre nós mesmas, sobre nossos limites e possibilidades. (Rosa e Lopes 2007, p. 18)

> [No estágio] muito aprendemos, principalmente sobre nós mesmas. Olhar para trás e perceber a viagem que fizemos nos faz ter mais forças para continuar em busca do desconhecido, pois ele nos mostra que a busca, o medo, a incerteza, podem ser muito mais valiosos do que o já conhecido, para o crescimento daqueles envolvidos no processo educativo. (Leite e Zanini 2007, p. 8)

Em outra passagem, essas mesmas estagiárias afirmam: "mais do que ter feito tudo isso, conquistado ou acertado, o aprendizado maior foi dar-se conta da necessidade (...). O estágio provoca isso! Proporciona o tempo necessário de rever as ações, avaliar, refletir, para buscar a mudança, novos trajetos" (*idem*, p. 42).

Refletir sobre o vivido é perceber as polaridades da vida: nem tudo alegria, nem tudo tristeza, nem só acertos, nem só erros, mas isso e aquilo. No estágio, que não está apartado da vida, tais polaridades também se mostram. Cabe perguntar: o que fazemos com elas? Podemos negá-las ou trazê-las para a consciência. Aqui se coloca, com maior clareza, aquela concepção de formação (e de estágio) como processo de autoconhecimento, que não nos deixa outra opção senão tomar essas polaridades como matéria genuína da constituição de professores, cujo processo de aprender com o vivido vai integrando dimensões que usualmente se encontram fragmentadas. E não é verdade que, na formação universitária, há pouco espaço para um estudante assumir suas fragilidades, reconhecer dificuldades, expressar sentimentos?

Em se tratando de professores, a abertura para o mundo e para as questões existenciais é um exercício fundamental. Mas nossa tradição pedagógica é prescritiva, sustentada na necessidade de estabelecer uma verdade única e absoluta. Sob esse manto, ser pedagogo é ser especialista em teorias de ensino e aprendizagem. Há pouco lugar para a dúvida e o não saber (Ostetto 2006b). Enfim, trazer para o plano da análise sentimentos que perpassam o cotidiano compartilhado com as crianças é fundamental para o educador; é reconhecer sua condição humana.

Durante o estágio, ficam estampados os conflitos entre autoridade, autoritarismo ou permissividade, controle ou liberdade, medo ou confiança, direção ou imposição. Dizem as estagiárias, sobre a organização do trabalho cotidiano com as crianças:

> Com receio de sermos autoritárias, muitas vezes acabávamos sendo permissivas demais, gerando mais bagunça, "brigas" e agitação na turma. Como resultado, perdíamos a calma e acabávamos falando com eles de forma alterada, ou seja, assumíamos a atitude autoritária da qual estávamos fugindo. Essas atitudes nos traziam inquietações e inseguranças que permaneciam dentro de nós e a convivência com elas nem sempre era pacífica (...). (Leite e Zanini 2007, pp. 38-39)

> Ao refletirmos sobre essas nossas atitudes, percebemos que, sendo experiências tão novas para nós, reconhecemos o quanto ainda precisamos realizá-las, para que assim possamos aprender, cada vez mais, tanto com os erros, quanto com os acertos. Há muito que pensar em relação aos limites que o professor vai encontrando em sua própria prática. Vivenciando o cotidiano, ele se depara com situações em que precisa fazer escolhas, tomar decisões, enfim se arriscar. Tais vivências [no estágio] são muito importantes para o processo de *se fazer* educador. (Rosa e Lopes 2007, p. 25)

Como contribuir, no âmbito da formação acadêmica, com o processo das estagiárias, criando espaço para a reflexão sobre a prática e sobre si mesmas? Vou defender aqui o exercício do *registro escrito*,[1] espaço onde a palavra, como narração do vivido, amplia-se na possibilidade de revelar aspectos que dizem de nós mesmos, na marcação de histórias que deixam entrever um tanto do que fomos-somos-poderemos-ser. No caso da prática pedagógica, o registro escrito configura-se como exercício que nos permite observar (para então avaliar) como agimos, como nos relacionamos, seja com o conhecimento, seja com as crianças, com o trabalho educativo em geral e as demandas do cotidiano de ser professora.

Diversos autores e pesquisadores já destacaram o grande potencial formativo que pode assumir a escrita da própria experiência, seja na

1. Para saber mais sobre a prática do registro na educação, veja artigo nesta coletânea: "Observação, registro, documentação: Nomear e significar as experiências".

forma de diários pessoais, seja na de textos narrativos para a análise coletiva de práticas desenvolvidas. No Brasil, destacam-se as pesquisas de Cecília Warschauer, publicadas em dois livros: *A roda e o registro: Uma parceria entre professor, alunos e conhecimento* (1993) e *Rodas em rede: Oportunidades formativas na escola e fora dela* (2001).

Ao narrar a experiência vivida, o professor aprende sobre si mesmo e sobre sua prática, pois ao organizar o pensamento por escrito, na experiência narrativa, constitui um campo de reflexão: toma distância para aproximar, aproxima para aprofundar, aprofunda e reconstitui o vivido com outras cores, de forma ampliada e integrada. O registro da experiência, por meio de diários, permite ao professor construir o que Cecília Warschauer (1993) chama de *memória compreensiva*. O ato de escrever o vivido desencadeia um processo reflexivo, no qual a vivência restrita e singular torna-se pensamento sistematizado, apropriação de conhecimento (Ostetto; Oliveira e Messina 2001). Assim, não é "só" escrever – simples recordação, lembranças. A palavra escrita é base para a análise do cotidiano, tecendo a história pessoal e profissional do educador.

Escrever, registrando o vivido, humaniza o educador, na medida em que possibilita o encontro com suas dúvidas, deixando-o frente a frente com seus erros, com seus limites. "A vivência do registro, sob esta perspectiva, nos remete ao campo da humildade, através do aprendizado de conviver com a dúvida, com as incertezas" (Warschauer 1993, p. 63).

Escrever é também uma prática integradora,

> (...) pois alia seu caráter pessoal à referência ao trabalho profissional, favorecendo a integração das dimensões pessoais e profissionais do professor. É integradora no sentido de envolver a participação conjunta dos dois hemisférios cerebrais: enquanto um recria a experiência, em que intervêm as emoções e a intuição, (...) o outro organiza-a numa mensagem estruturada. (Warschauer 2001, p. 186)

Nos estágios que tenho orientado, a proposta de registro escrito está prevista, articulada ao planejamento e à avaliação. Registrar pressupõe observar não só as crianças, mas também a si mesmo. Ao escrever, na memória selecionada, dá-se à luz algo que estava, e poderia permanecer, na sombra. Ao narrar o vivido, não está em jogo o relato do que *realmente* aconteceu, mas a construção de *sentidos*, articulando os atos e configurando os fatos.

Ao elaborarem o relatório final de estágio, contando suas histórias rumo ao "desconhecido" cotidiano educativo na creche, as alunas-estagiárias apontam a importância do registro diário como espaço de marcação do roteiro percorrido com as crianças, possibilitando a reflexão e, se necessário, a mudança de direção. Com a mesma importância, podemos conferir o destaque atribuído ao diário como confidente, espaço para dizer, também, dos sentimentos e dificuldades:

> Durante nossa experiência vivenciada no estágio, nossos registros tornaram-se um diário de bordo, sempre constante, levando-nos a refletir, repensar, buscar... Para uma viagem cheia de aventuras e possíveis dificuldades, estar sem um diário de bordo seria não dar importância aos momentos significativos de cada dia vivido. Seria viajar completamente à deriva, sem rumo, pois a mudança de rumo exige pensar sobre, questionar, rever possibilidades, ousar. (...) Para nós, nesse contexto de viagem significativa, escrever, ou seja, desenhar o roteiro realizado na viagem se tornou a essência do nosso exercício de reflexão. Documentamos nossos sentimentos, medos, dúvidas e nos permitimos buscar soluções e escrever novos caminhos. Nosso amigo, confidente, permitia até derramarmos nossas lágrimas nos momentos difíceis. (Leite e Zanini 2007, p. 9)

Esse aspecto analisado pelas estagiárias, sobre o papel do registro escrito como "confidente", lugar em que os sentimentos têm trânsito livre e podem ser revelados, é sobremaneira importante para os processos formativos, como já acentuamos. Ao dizerem por escrito o que lhes passou, identificando seus medos, suas dúvidas e suas dificuldade (e as lágrimas que por vezes também lhes chegavam), as estagiárias ganham a possibilidade de afirmar-se com integridade, ampliando a consciência e construindo pontes de partilha."Tornar visíveis nossas dificuldades, fato que acompanha a escrita, traz uma oportunidade formativa do humano na construção de sua autenticidade, não só em face dos outros, mas sobretudo de si mesmo" (Warschauer 2001, p. 189). Essa dinâmica colabora para dar visibilidade à pessoa na pessoa do educador, tão esquecida na era da informação, que prima pela exterioridade.

> A profissão docente, por se basear na relação entre pessoas, é permeada pelos afetos, pela simpatia/antipatia que acompanha as relações. Ser profissional da educação significa experimentar sentimentos. Na tentativa de refletir sobre eles, falar ou até mesmo escrever pode ajudar. Entretanto, como as paixões e a subjetividade foram eliminadas da ciência pela cientificidade positivista, confessar essa dimensão na esfera profissional registrando-a é retomar uma língua preterida pela racionalidade científica e reprimida pela normatividade social. (Warschauer 2001, p. 190)

O registro é um convite a mostrar-se, a desmontar o jogo do "tudo ou nada", da infalibilidade do professor. Espaço de afirmação da inteireza de ser: cabeça e coração, nem só acertos, nem só erros, nem só certezas, nem só dúvidas – tudo junto como partes da história que nos constitui humanos. Enfim, a escrita possibilita

> (...) o acesso a camadas mais profundas de nós mesmos que, sem esse registro, poderiam não chegar ao nosso conhecimento. Porém, possibilita também o conhecimento de aspectos muitas vezes indesejados e sombrios. Mas, uma postura de abertura e determinação pela ampliação do (auto)conhecimento pode iluminar o caminho para a conquista de uma coerência interna, integradora, e contribuir para a aproximação entre o idealizar e o concretizar, entre o pensar e o agir. (Warschauer 1993, p. 65)

Porém, como já assinalamos em outros textos (Ostetto; Oliveira e Messina 2001), um medo ronda o ato de escrever. Entre professores, há aqueles que reconhecem sua dificuldade com a palavra escrita e outros que até explicitam não gostar de escrever. Resulta que, não raro, os professores fogem da escrita. Também nesse aspecto o exercício de registro é um importante instrumento para o processo autoformativo do professor, o qual poderá resgatar sua palavra e a possibilidade de dizê-la por escrito. Na dor e na delícia de escrever, o professor pode trazer à consciência seus recursos e fragilidades, refazendo percursos, redescobrindo sentidos, reescrevendo sua história. A prática do registro "faz que atuemos sobre nossa própria história, percebendo suas contradições e incoerências, refazendo seu processo" (Warschauer 2001, p. 188).

No cotidiano, o registro diário assume importância central, pois é com base nele que o professor poderá tecer os enredos, compor outros textos, ampliando a análise, de alguma forma sistematizando o vivido por meio da reflexão, por inteiro. Como assinalou Furlanetto (2003, p. 23): "Refletir não é um exercício linear, envolve além da razão a nossa emoção; articula conteúdos inconscientes – criativos e defensivos – que ora nos possibilitam, ora nos dificultam os movimentos de ampliação da consciência". No caso do estágio, o registro diário possibilita, ao final do processo, no relatório de estágio, articular análises mais consistentes e profundas sobre o vivido. Momento crucial de perceber, na síntese, as polaridades de que temos falado. Vejamos o que dizem duas estagiárias no seu relatório:

> Muitas vezes erramos e temos consciência disso. Porém, por meio de reflexões, foi possível rever algumas de nossas posturas/atitudes em nossas propostas (...) Vale ressaltar que o exercício de reavaliar nossa prática basicamente tornou-se possível por estarmos acompanhando o movimento das crianças e, especialmente registrando-os. Por meio do registro (...) poderemos ler e refletir criticamente sobre o que estamos vivenciando e explorando, o que faz dessa prática algo indispensável em nosso fazer docente. (...) Na escrita vamos ampliando a compreensão de nossa prática. (Souza e Weiss 2007, pp. 21-22)

Quando dizem "muitas vezes erramos", "temos consciência disso", "exercício de reavaliar nossa prática", "rever posturas e atitudes", as estagiárias estão tomando a história nas mãos e construindo sentidos. Estão caminhando para si, encontrando-se com seus limites e possibilidades, dialogando com suas posturas e atitudes identificadas para, assim, compreender o caminho feito e por fazer. E essa percepção, na análise, só foi possível porque elas registraram no dia a dia do estágio. Puderam, ao final, constituir a *memória compreensiva*, indo além do aparente, dos limites do visível na lembrança, porque colheram dados, exercitaram a escrita, a memória auxiliar. Muitos dados, questões, informações, pontos de interrogação podem passar ao largo da experiência de análise, se não estão marcados, registrados. Como nos lembra Cecília Warschauer (2001, p. 188),

> (...) a escrita, diferentemente da vivência, não se esgota no momento de sua realização, mas é infinita. Seu caráter histórico permite que vá além do tempo vivido, por isso é uma *obra aberta* (...), passível de novas leituras e interpretações. É instrumento a serviço do processo autoformativo, que prossegue enquanto houver vida.

Nesse particular momento da formação acadêmica, o estágio curricular, em que diferentes elementos e dimensões se encontram e, muitas vezes, se confrontam, a produção do relatório final, tendo por base os registros diários, torna-se fundamental: ao sistematizar a experiência, levantando pontos para análise, evidenciam-se a travessia, a passagem, os movimentos assumidos ou interrompidos das estagiárias. Sobre isso, eis o testemunho retirado de um desses relatórios:

> Em nossa prática fomos aprendendo a desenvolver [uma] atitude de pesquisa, deixando de lado o medo, a ansiedade e a rigidez que apareciam algumas vezes durante a realização das nossas propostas. Tivemos medo de ousar e ir em busca das incertezas. Ficamos ansiosas quando tudo parecia dar errado, quando as nossas expectativas nos deixavam frustradas, e quando entrávamos no temido território do desconhecido. (Leite e Zanini 2007, p. 49)

Todavia, para falar do processo, indicando avanços, problemas e limites encontrados no percurso, foi preciso antes de tudo identificá-los e, para tanto, foi fundamental observá-los, depois descrevê-los para, então, compreendê-los. Escrever permite a compreensão do que se passa. E, no estágio, arriscar-se e ousar escrever resulta em experiência extremamente significativa, pois supera a expectativa, em regra demonstrada pelas estagiárias no início do processo, de apreender instrumentos ou formas didáticas a serem aplicados.

Escrever, nesse caso, é afirmar-se autor, responsável pelo seu próprio processo de formação. É saber-se em movimento, tocando territórios desconhecidos, da aprendizagem, da transformação, da recriação de si mesmo. Afinal, "o crescimento só se torna possível para quem tem coragem de olhar e ver; ouvir e escutar, pensar a respeito do que ouve, escuta e faz. (...) tornar-se um adulto capaz de aprender e crescer não se constitui em uma tarefa fácil" (Furlanetto 2003, p. 23).

BIBLIOGRAFIA

AGOSTINHO, K.A. (2003). "O espaço da creche: Que lugar é este?". Dissertação de mestrado. Florianópolis: PPGE-UFSC.

ALBANO MOREIRA, Ana Angélica (1984). *O espaço do desenho: A educação do educador*. São Paulo: Loyola.

BATISTA, Rosa (1998). "A rotina no dia-a-dia da creche: Entre o proposto e o vivido". Dissertação de mestrado em Educação. Florianópolis: UFSC.

BRASIL (1995). *Critérios para um atendimento em creche que respeite os direitos fundamentais das crianças*. Brasília: MEC-Coedi.

BROERING, A.S. (2008). 'Imagens do lado de cá: A creche e o estágio entre ações, conquistas e aprendizagens". *In*: SEARA, Izabel Christine *et al.* (orgs.) *Práticas pedagógicas e estágios: Diálogos com a cultura escolar*. Florianópolis: Letras Contemporâneas (no prelo).

BROUGÈRE, Gilles (1997). *Brinquedo e cultura*. 2ª ed. São Paulo: Cortez. (Coleção Questões da Nossa Época)

CARVALHO, M.I.C. e RUBIANO, M.R.B. (1994). "Organização do espaço em instituições pré-escolares". *In*: OLIVEIRA, Zilma de Moraes Ramos de (org.). *Educação infantil: Muitos olhares*. São Paulo: Cortez.

CAVALCANTI, Z. (org.) (1995). *A história de uma classe*. Porto Alegre: Artmed.

CENTRO DE ESTUDOS DA ESCOLA DA VILA (1986). *Dos primeiros passos às primeiras letras*. São Paulo: Joruês.

CINDEDI – Centro de Investigações sobre Desenvolvimento Humano e Educação Infantil (2002). *Um ambiente para a infância* (vídeo).

COELHO, J.M. e KREUCH, D. (2005). "Nossos olhares para as interações na educação infantil: Uma experiência na Creche Nossa Senhora Aparecida – Pantanal". Relatório de estágio do curso de Pedagogia – Educação Infantil. Florianópolis: UFSC.

COELHO, J.M. *et al.* (2005). "As interações nos momentos de parque e alimentação". Relatório de estágio do curso de Pedagogia – Educação Infantil. Florianópolis: UFSC.

DAHLBERG, Gunilla; MOSS, Peter e PENCE, Alan (2003). *Qualidade na educação da primeira infância: Perspectivas pós-modernas*. Porto Alegre: Artmed.

DIAS, Karina Sperle (1999). "Formação estética: Em busca do olhar sensível". *In*: KRAMER, Sonia (org.). *Infância e educação infantil*. Campinas: Papirus.

EDWARDS, Carolyn (1999). "Parceiro, promotor do crescimento e guia: Os papéis dos professores de Reggio em ação". *In*: EDWARDS, C.; GANDINNI, L. e FORMAM, G. *As cem linguagens da criança: A abordagem de Reggio Emilia na educação da primeira infância*. Porto Alegre: Artmed, pp. 159-176.

EDWARDS, Carolyn *et al.* (1999). *As cem linguagens da criança: A abordagem de Reggio Emilia na educação da primeira infância*. Porto Alegre: Artmed.

FARIA, Ana Lúcia G. de (1999). "O espaço físico como um dos elementos fundamentais para uma pedagogia da educação infantil". *In*: FARIA, A.L.G. de e PALHARES, M. de S. (orgs.). *Educação infantil pós-LDB: Rumos e desafios*. Campinas: Autores Associados/FE-Unicamp; Florianópolis: Ed. da UFSC.

FARIA, Dayane A. e KUHNEN, Simone C. (2006). "Experimentando saberes e fazeres: As diversas linguagens na educação infantil". Relatório de estágio do curso de Pedagogia. Florianópolis: CED-UFSC.

FERREIRA, M. (2004). "Do avesso do brincar ou... As relações entre pares, as rotinas da cultura e a construção da(s) ordem(ens) social(ais) instituinte(s) das crianças no jardim-de-infância". *In*: CERISARA, Ana Beatriz. *Crianças e miúdos: Perspectivas sociológicas da infância e educação*. Lisboa: Asa, pp. 55-104.

FREIRE, Madalena (1983). *A paixão de conhecer o mundo*. Rio de Janeiro: Paz e Terra.

__________ (1986). "Relatos da (con)vivência: Crianças e mulheres da Vila Helena nas famílias e na escola", *Cadernos de Pesquisa* (56). São Paulo, fev., pp. 86-105.

__________ (1993). "Aspectos pedagógicos do construtivismo pós-piagetiano II". *In*: GROSSI, Ester e BORDIN, J. (orgs.). *Construtivismo pós-piagetiano*. Petrópolis: Vozes, pp. 162-167.

_________ (1997). "O que é um grupo". *In*: FREIRE, Madalena *et al. Grupo; indivíduo, saber e parceria: Malhas do conhecimento.* São Paulo: Espaço Pedagógico, pp. 17-26. (Série Seminários)

FREIRE, Paulo (1996). *Pedagogia da autonomia: Saberes necessários à prática educativa.* 21ª ed. São Paulo: Paz e Terra. (Coleção Leitura)

FREIRE WEFFORT, Madalena (org.) (1996). *Observação, registro, reflexão: Instrumentos metodológicos I.* 2ª ed. São Paulo: Espaço Pedagógico. (Série Seminários)

FURLANETTO, Ecleide (2003). *Como nasce um professor?.* São Paulo: Paulus.

GANDINI, Lella (1999). "Espaços educacionais e de envolvimento pessoal". *In*: EDWARDS, Carolyn P.; GANDINI, Lella e FORMAN, George E. *As cem linguagens da criança: A abordagem de Reggio Emilia na educação da primeira infância.* Porto Alegre: Artmed, pp. 145-158.

GANDINI, Lella e EDWARDS, Carolyn (orgs.) (2002). *Bambini: A abordagem italiana à educação infantil.* Porto Alegre: Artmed.

GANDINI, Lella e GOLDHABER, Jeanne (2002). "Duas reflexões sobre documentação". *In*: GANDINI, L. e EDWARDS, C. (orgs.). *Bambini: A abordagem italiana à educação infantil.* Porto Alegre: Artmed, pp.150-169.

HOLM, Anna Marie (2004). "A energia criativa natural", *Pro-posições: Dossiê Educação estética.* Revista Quadrimestral da Faculdade de Educação-Unicamp, vol. 15, n. 1 (43), jan.-abr.

JUNG, Carl Gustav (1984). *A dinâmica do inconsciente.* Petrópolis: Vozes.

_________ (1998). *O desenvolvimento da personalidade.* Petrópolis: Vozes.

KRAMER, Sonia e ABRAMOVAY, Miriam (1986). "Alfabetização na pré-escola: Exigência ou necessidade?". *In*: KRAMER. Sonia (org.). *Alfabetização: Dilemas da prática.* Rio de Janeiro: Dois Pontos.

LARROSA, Jorge (2002). "Notas sobre a experiência e o saber da experiência", *Revista Brasileira de Educação*, n. 19, pp. 20-28.

_________ (2003). *Pedagogia profana: Danças, piruetas e mascaradas.* 4ª ed. Belo Horizonte: Autêntica.

LEITE, Maria Isabel (2004). "Linguagens e autoria: Registro, cotidiano e expressão". *In*: OSTETTO, L.E. e LEITE, M.I. *Arte, infância e formação de professores.* Campinas: Papirus, pp. 25-39.

LEITE, Maria Isabel e OSTETTO, Luciana Esmeralda (2004). "Formação de professores: O convite da arte". *In*: OSTETTO, L.E. e LEITE, M.I. *Arte, infância e formação de professores.* Campinas: Papirus, pp. 11-24.

LEITE, Rachel Winz e ZANINI, Juliana dos Santos (2007). "Refletindo a história vivida: A sensibilização do movimento, do olhar e da escuta". Relatório de estágio do curso de Pedagogia – Educação Infantil. Florianópolis: UFSC.

LIMA, Elvira S. (2002). *A criança pequena e suas linguagens*. São Paulo: Gedh/ Sobradinho.

MACHADO, M.S. e BOMBASSARO, T. (2003). "'Tem um príncipe ali': O real e o imaginário se fundem numa brincadeira de criança". Relatório de estágio do curso de Pedagogia – Educação Infantil. Florianópolis: UFSC.

MAGALHÃES, L. e MARINCEK, V. (1995). "Instrumentos de registro da reflexão do professor". *In*: CAVALCANTI, Z. (org.). *A história de uma classe*. Porto Alegre: Artmed.

MALAGUZZI, Loris (1999). "História, idéias e filosofia básica". *In*: EDWARDS, C.; GANDINNI, L. e FORMAM, G. *As cem linguagens da criança: A abordagem de Reggio Emilia na educação da primeira infância*. Porto Alegre: Artmed, pp. 59-104.

MARTINS, L. e ROCHA, N. (2004). "A criança e o mundo". Relatório de estágio do curso de Pedagogia – Educação Infantil. Florianópolis: UFSC.

MATISSE, Henri. (1973). "É preciso olhar a vida inteira com olhos de criança", *Revista Brasileira de Estudos Pedagógicos*, n. 132. Rio de Janeiro: Inep-MEC, out.-dez., pp. 737-739.

MATOS, M.A.B. de e SILVA, C.B. da (2003). "Compreendendo melhor como a organização do espaço interfere nas vivências das crianças". Relatório de estágio do curso de Pedagogia – Educação Infantil. Florianópolis: UFSC.

OLIVEIRA, Marta Kohl de (1993). *Vygotsky: Aprendizado e desenvolvimento: Um processo sócio-histórico*. São Paulo: Scipione.

OLIVEIRA, Zilma (org.) (1995). *A criança e seu desenvolvimento: Perspectivas para discutir a educação infantil*. São Paulo: Cortez.

OLIVEIRA, Zilma *et al.* (1992). *Creches, crianças, faz-de-conta & Cia*. Petrópolis: Vozes.

OSTETTO, Luciana Esmeralda (org.) (2000). *Encontros e encantamentos na educação infantil: Partilhando experiências de estágios*. 5ª ed. Campinas: Papirus

________ (2004a). "'Mas as crianças gostam!' ou sobre gostos e repertórios musicais". *In*: OSTETTO, L.E. e LEITE, M.I. *Arte, infância e formação de professores*. Campinas: Papirus, pp. 41-60. (Coleção Ágere)

________ (2004b). "Do cinzento ao multicolorido: Linguagem oral, linguagem escrita e prática pedagógica na educação infantil". *In*: OSTETTO, L.E. e LEITE, M.I. *Arte, infância e formação de professores*. Campinas: Papirus, pp. 79-96. (Coleção Ágere)

________ (2006a). "Linguagem e experiência: Busca e mistério". Palestra apresentada no I Encontro de Educação Infantil da Região Centro, Florianópolis.

________ (2006b). "Educadores na roda da dança: Formação-transformação". Tese de doutorado. Campinas: FE-PPGE-Unicamp.

________ (2007). "Entre a prosa e a poesia: Fazeres, saberes e conhecimento na educação infantil". *In*: PILLOTTO, Silvia (org.). *Linguagens da arte na infância*. Joinville: Univille, pp. 30-45.

OSTETTO, L.E.; OLIVEIRA, E.R. e MESSINA, V. da S. (2001). *Deixando marcas... A prática do registro no cotidiano da educação infantil*. Florianópolis: Cidade Futura.

PEREIRA, D.F.L. (2005). "As interações infantis nos momentos de parque e alimentação numa creche da rede municipal de Florianópolis". Relatório de estágio do curso de Pedagogia – Educação Infantil. Florianópolis: UFSC.

RANKIN, Baji (1999). "Desenvolvimento do currículo em Reggio Emilia: Um projeto de currículo de longo prazo sobre dinossauros". *In*: EDWARDS, Carolyn P.; GANDINI, Lella e FORMAN, George E. *As cem linguagens da criança: A abordagem de Reggio Emilia na educação da primeira infância*. Porto Alegre: Artmed, pp. 195-216.

RESENDE, Otto Lara (1992). "Vista cansada". Disponível na internet: http://www.releituras.com/olresende_vista.asp.

RINALDI, Carlina (1999). "O currículo emergente e o construtivismo social". *In*: EDWARDS, Carolyn *et al*. *As cem linguagens da criança: A abordagem de Reggio Emilia na educação da primeira infância*. Porto Alegre: Artmed.

ROSA, Cristina Dias e LOPES, Elisandra S. (2007). "Uma grande viagem pelos rumos da educação infantil: Contando experiências vividas na creche". Relatório de estágio do curso de Pedagogia – Educação Infantil. Florianópolis: UFSC.

SCHIEFLER, Ângela Raquel Kolb e SILVA, Samantha Fernandes da (2000). "Entre fadas, jacarés e pintores: A história de construção de um grupo". *In*: OSTETTO, Luciana Esmeralda (org.). *Encontros e encantamentos na educação infantil: Partilhando experiências de estágios*. Campinas: Papirus, pp. 119-144.

SECRETARIA MUNICIPAL DE EDUCAÇÃO DE BLUMENAU (2002). "Retratos do cotidiano: Planejamento, registro, avaliação", *Cadernos da Educação Infantil*, n. 2.

SEEMANN, K.B. e SILVA, D.A. (2004). "Estágio propositivo na educação infantil: Experiências, vivências e pesquisa". Relatório de estágio do curso de Pedagogia – Educação Infantil. Florianópolis: UFSC.

SOARES, Magda (1998). *Letramento: Um tema em três gêneros*. 2ª ed. Belo Horizonte: Autêntica.

SOUTO-MAIOR, Sara Duarte *et al.* (1997). "Três cabeças que não se entendem passam fome de tanto pensar... Reflexões sobre planejamento, registro e avaliação". Projeto de estágio do curso de Pedagogia – Educação Infantil. Florianópolis: UFSC.

SOUZA. A.C. *et al.* (2006). "Viajando por territórios desconhecidos: Criando possibilidades na creche". Projeto de estágio do curso de Pedagogia. Florianópolis: UFSC-CED.

SOUZA, Andressa Celis e WEISS, Vanilda (2007). "Navegando pelo desconhecido: O misterioso mundo dos bebês". Relatório de estágio do curso de Pedagogia – Educação Infantil. Florianópolis: UFSC.

SOUZA, C. e SOUZA, M. (2003). "Berçário II: Um universo repleto de fantasias, emoções e movimentos". Relatório de estágio do curso de Pedagogia – Educação Infantil. Florianópolis: UFSC.

S. THIAGO, Lílian M.P. (2000). "Espaço que dê espaço". *In*: OSTETTO, Luciana Esmeralda (org.). *Encontros e encantamentos na educação infantil: Partilhando experiências de estágios*. Campinas: Papirus, pp. 51-62.

TRISTÃO, Fernanda C.D. (2005). "Ser professora de bebês: Uma profissão marcada pela sutileza", *Reflexão e Ação*, vol. 13, n. 1. Santa Cruz do Sul, jan.-jun., pp. 49-63.

_________ (2006). "A sutil complexidade das práticas com bebês". *In*: MARTINS FILHO, A.J. *et al. Infância plural: Crianças do nosso tempo*. Porto Alegre: Mediação, pp. 39-58.

VYGOTSKY. L.S. (1991). *A formação social da mente: O desenvolvimento dos processos psicológicos superiores*. 4ª ed. São Paulo: Martins Fontes.

WARSCHAUER, Cecília (1993). *A roda e o registro: Uma parceria entre professor, alunos e conhecimento*. Rio de Janeiro: Paz e Terra.

_________ (2001). *Rodas em rede: Oportunidades formativas na escola e fora dela*. Rio de Janeiro: Paz e Terra.